找一條回家的路

二次甦醒

在三萬公里外

Reborn from thirty thousand kilometers away,
get the second life, then find one way home.

很久以前看過一齣偶像劇，叫做《敗犬女王》（咦！透露年代層！？）男主角看似不務正業的打工仔，實則為無所不能的打工達人。因為學習能力過強、可以快速在任何工作裡進入狀況，這份事事通的本領讓他像一陣風，可以隨興掃過任何工作，用捉摸不定的行程表過瀟灑自在的生活。劇中的故事線早已忘光光，但這角色卻在我腦袋中日久彌新，「如果能跟他一樣，該有多棒！」這樣的想法悄悄埋在我的心底。

在金融業看著法人外資今天又把錢灌在哪裡了，在公關業見識了大活動的幕前幕後，在科技業照顧一櫃櫃千錘百鍊的小產品，總之，做什麼都可以，只要繼續敲打鍵盤，薪資也會開紅盤。可是，生命的油燈告訴我，它正在毫無生氣地燃盡著。人，還坐著；心，卻失重了。

突然，心中沉睡已久的猛獸，醒了。

「目前的工作很穩定，繼續安逸地生活，就夠了嗎？」

「學生時代對未來的憧憬，都實現了嗎？」

「半年前和朋友一起搶簽證，只有我搶到，該去嗎？」

被壓在抽屜底下的打工度假簽證，終於在半年後發光了。幾度天人交戰後，我忍痛和此生最愛的主管（之一）提辭呈、放棄舒適的工作，起飛前幾天向家人宣布這驚聞，便拉起行李箱，獨自踏上漂泊的旅途。

從沒想過搭捷運去科學園區上班，會變成搭推雪車上滑雪場工作；踩著高跟鞋走在辦公室地毯，換成雨靴踏在泥濘田間；敲鍵盤寫一件件文案的手，採了一桶桶櫻桃橘子和李子；眼底的水泥叢林，轉場為一望無盡的極光曠野。

出發前覺得工作不會太難找，生活應該很容易，實際上卻常常面對人性的黑暗面，感受大自然的風雨無情，沒有大夥相依相偎，只有獨自一肩扛下。一個女生旅行面臨的重重考驗，該如何

一一化解？內心裡難過的關，要怎麼自我突破？沒有照本宣科的標準解答，只能自我摸索的拼湊答案。回頭笑看這一路，當下哭著找出路，兩手空空的去，滿載而歸的是：長成盧卡斯的自己。

這不是一本教你如何打工度假的工具書，也不是宣揚打工度假有多美好的雞湯，而是想和你分享再怎麼顛沛流離，還是能找回勇氣繼續前進的心法。外人看來寂寞難受，內心卻覺不枉此生；寫作打工度假，讀作人生百味。

這本書特別推薦給以下3種人：

① 即將出發的菜包，打碎幻想後再打雞血，重建信心！

② 身邊有親朋好友對打工度假躍躍欲試，贈以毒雞湯！

③ 孤獨的旅人或受挫的社會人，得到來自同溫層的堅定支持！

準備好一起冒險了嗎？ Let's go ！

PoDream ♡

ABOUT THE **AUTHOR**

作者簡介

理性像靜湖，感性如瑞雪，一個同時愛湖也愛雪的台灣女子。喜歡將時間浪費在美好的事物上，可以望著美景放空整個下午，也可以為了趕路半夜都在開車。那年，義無反顧地踏上旅途後，在南半球闖蕩了近700天，北半球360天，這一千多個日子徹底影響了一輩子。醉心於紀錄旅行中的奇人異事，將零碎的片段拼湊成耐人尋味的心法：女子的呢喃話臉書（**冒險吧，夢想！君Dream與她的奇葩朋友們**），旅人的夢想繪IG（**dream.taiwan**），俠客的冒險闖YT（**youtube.com/@dream.travel**）。追求旅行與新奇事物的熱血還沸騰著，當世界再次春暖花開時，將拎起背包再次足履天涯。

CONTENT

CHAPTER 1

旅行前的提醒
REMIND BEFORE TRAVEL

嚮往詩與遠方，逃離喧囂與紛擾，
用一張單程票實現。

CHAPTER 2

旅行中的驚醒
ROCK ON TRAVEL

工作是狂風，生活是暴雨，打工度假
是一場淋漓暴修行。

◆ **工作生存不容易**
BEING AWFUL TO AWESOME IS NOT EASY

CHAPTER 3

旅行後的甦醒
REBORN AFTER TRAVEL

遊覽風景名勝，體驗轉場人生，
心之所向的最終站是？

勇敢不是母胎基因，
而是磕磕碰碰後破繭而出的隱形翅膀。

Everything you want is

旅行前的提醒

——嚮往詩與遠方，逃離喧囂與紛擾，用一張單程票實現。

出境 Departure

透明的沉囊，迷途的飛航

沒有冠冕堂皇的理由，難道就不能出走？

在無數個十字路口做一次又一次的選擇後，人生交織成現在獨一無二的樣貌。這些選擇，有的是深思熟慮、有的是勿促慌亂，甚至有的毫無理由。

第一次買下機票，我清楚的知道，是因為厭倦了生活，想體驗不一樣的世界；再一次買下機票，我徬徨了，因為留戀了舊生活，想待在熟悉的環境。我開始覺得無助，開始不明白為什麼要把自己從舒適圈推向一個如此辛苦的學習圈甚至是恐懼圈，我不理解自己這麼選擇的意義是什麼、也找不到支持自己往前進的動力。

駛離台灣土地，每一滴潰堤的眼淚逃離眼眶，溫暖而閃爍的地景，就像我最愛的家人、朋友，明明是那麼不想說再見，卻只能隔著玻璃看著他們愈來愈遠，小得無法觸及。

　　衝入對流層，模糊而翻騰的雲層，如同充滿挑戰的未知環境；破風斬雲的飛行器，如同別無選擇只能放手一搏的自己，外人看來勇敢向前，自己卻恐懼得想落荒而逃。

　　如果正確答案隨著時間推移也不會改變，那或許我仍沒找到這一次又一次將我推向遠行的真正理由，只是在內心深處期待，未來能微笑對自己這麼說：

　　「正是因沒有答案，才能成全這一路的美好。」

溫柔戳破他說，換我堅定來說

粉碎打工度假的美好想像，始料未及的女子冒險。

 外行人說風涼話，內行人道辛酸話

　　關於「打工度假」（Working Holiday）一詞，外交部領事事務局的官方定義如下：「度假打工計畫旨在促進我國與其他國家間青年之互動交流與瞭解，申請人之目的在於度假，打工係為使度假展期而附帶賺取旅遊生活費，並非入境主因。」

　　雖然不明白當初創造這組詞彙的人，是以什麼心思詮釋這個活動，卻因為這個詞，讓人們對打工度假產生不少遐想與誤解，不僅讓前往打工度假的人感受到預期與現實的巨大落差感，也讓留在寶島的親朋好友產生諸多偏離現實的刻板印象。晃過一圈回首望，天大誤會望周知：

SITUATION 1

	住海邊的親朋好友會說	回應住海邊的居民

A
- 你是一枚爛草莓，不想認真工作只想玩才會躲到國外。
- 天天坐辦公室吹冷氣的您，未必忍受得了渾身爛泥、彎腰日曬的農活。

B
- 存個一百萬回來了沒？
- 那您帝寶買了沒？

C
- 去浪費完時間，然後呢？
- 和去年相比，除了肥肉多一層、禿線高一尺，您可有其他長進？

SITUATION 2

	想去打工度假的人以為會	對於想衝出去的菜包我想這麼提點

A
- 一桶金回家，賺錢像開水龍頭。
- 可，但你得忍受別人在旅行，而你都在工作的落差感。

B
- 英文變超好，多益雅思躺著考。
- 行，前提是你能脫離華人圈，靠自己找工作、找住宿、搞定生活一切疑難雜症。

C
- 瞬間國際化，視野大升級撥接跳光纖。
- 好，但在那之前要先承受巨大的文化衝擊。

D
- 到處爽爽玩，像去台東花蓮澎湖灣。
- 嗯，當然可以，只是當心坐吃山空花老本。

E
- 脫離眾苦海，生活職場感情海。
- 唉，排山倒海的新挑戰未必能讓你有喘息空間。

可是啊可是，晃過一圈回首望，才發現這全是天大的誤會。

聽我娓娓道來一路上的故事，或許就能夠感同身受，而不再對打工度假有所誤解。請別說我擾人清夢，與其過分樂觀卻淪落路邊推車，我更希望你

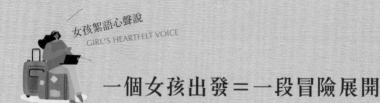

一個女孩出發＝一段冒險展開

朋友與我談起出門打工度假的心路歷程。

「當時妳出發前往打工度假，想像與現實有什麼樣的落差？打開想像的包裝後，如何重新發掘目標，持續旅居世界各地？」友人問。

「你這問題太棒了，我決定用整整一個篇幅（下一篇）來回答你的問題！」我回答。

「等等！好歹先回答一下，既然錢不好賺苦頭又多得不得了，那麼這本書希望帶給大家的核心價值是什麼？這一定不是一本工具書，作為一個回憶錄旨在傳遞什麼樣的資訊？」友人追問。

說來，獨自出門旅行本非易事，在未知的城市總有許多難以預料的事，女孩隻身前往，聽起來更是一件充滿危險的事。走在路上，是否有人離自己太近？是否有緩行的車輛尾隨在側？是否被偷偷跟了很長一段路？駕駛車輛，手機壞了，頓失導航的指引，如何在光線漸漸被黑夜吞噬的黃昏，從遙遠的荒郊野外，回到安全溫暖的家？深陷雪堆，踩了油門，也只是在原地瘋狂打滑，拿起手機想求救卻發現此處毫無訊號，眼看油箱已快要見底，該怎麼辦？搭計程車被司機刻意繞路且不打算讓你下車，該如何全身而退？要上飛機，眼看登機時間分

能步步為營，加滿油再出發。人們津津樂道的 Working Holiday，其實更適合被理解為「一切從零開始的移地生活」，學習如何在異鄉活下去之餘，實現旅行的渴望。如果大家都能這麼理解打工度假，很多誤會自然就能不爭而解了。

秒逼近，地勤人員卻拒發登機證，或是簽證官遲遲不發簽證，該如何突破困境？陌生的旅行，與我們素日的工作和生活全然不同，太多的突發狀況，超出我們小小腦袋的預期，讓人嘖嘖稱奇又步步驚心。

這樣充滿機會與冒險的打工度假，如同一段微型人生。相較於人生漫漫長河，高倍數濃縮的這一年，意味著更加頻繁的各式難題、更加限縮的思考時間，以及更加考驗的反應能力。

對一般人而言，是一種挑戰；對單獨旅行的女孩而言，更是一場戰役。是否能從居於劣勢的戰場全身而退，抑或在資源有限的戰場反敗為勝，繫之於每個念頭、每個決定。若能在不同的戰役中，周詳地思考策略並因時制宜地活用戰術，再從每一次的經驗中梳理出為自己量身定做的心法，那麼打工度假不只能強化一個人特質，更能脫胎換骨地迎來一個更好的自己，這些改變都將是出發前的自己始料未及的。

在接下來的篇章中，你將走過一則又一則的故事，陪著一個涉世未深的輕熟女茁壯成驍勇善戰的歐巴桑。直指未知世界的冒險，即將開始！

旅行中的驚醒

ROCK ON TRAVEL

──工作是狂風，生活是暴雨，
──打工度假是一場淋瀑修行。

CHAPTER

2

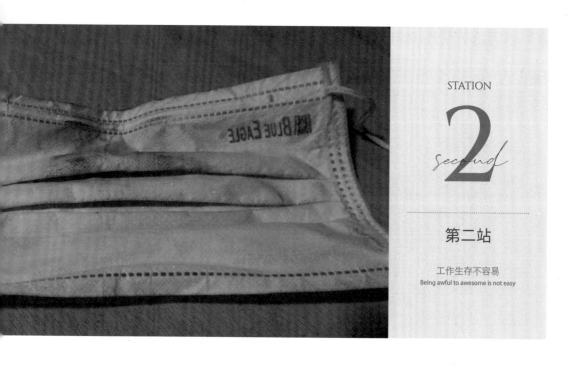

既已滿頭泡沫，剩冷水也得沖

逃走雖不可恥，留下勇氣可嘉，挑戰從落地開始。

 行前的醞釀

　　拎起背包，展開旅程，每個人各有自己的理由與初衷。回憶我的打工度假，從書桌上萌芽。厭倦了雜務不斷卻缺乏成就感的工作，我將目標轉向國營事業並開始準備考試。或許我天生就像不受控的孫悟空，唸書時總如坐針氈，坐不住，就在唸書唸到懷疑人生之際，朋友說想去紐西蘭打工度假，揪我一起搶簽證，我隨口答應，但沒想到我搶到了，而朋友卻沒搶到，所以我就隨手擱著，繼續做著一份薪水不錯卻無成就感的工作，處於一段讓人煩躁且毫無營養的關係。沉寂了一段時間的行屍走肉後，一個回神，手上這張解放自我的門票正在發光，三十天後，我抵達紐西蘭。

我事先上網做了很多功課，也看了很多分享，但卻得到有趣的結論：「出發前原本就解決不了的問題，出國一趟也不會有所改變。」原先興奮出國卻失望歸國的人多如亂麻，而我在觀察後，發現他們有兩大項特徵：

① 找不到人生的方向，覺得出國打工就能點亮光明燈。

② 原先英文不好，幻想打工回來英文會變得嚇嚇叫。

如果移地生活就能找到人生方向，那綠島可能便宜一點；如果平常不看英美影集、不讀新聞雜誌，遇到外國人英文卻突然頂呱呱，那補習班真的該收一收了；若出門打工度假一趟，所有煩惱困擾都能無痛解決，那廟宇、教會、心理醫生早該失業。

為了避免淪於怨天尤人族，在出發前我就計畫好回來之後要做的事情，沒有飄在雲端的期待，而腳下看似沒有目的的遠行，正是我所追求的，**一趟徹底淨空、再重新填滿自己的旅程**。這趟旅程將充滿未知與驚奇，光是這點聽起來就非常吸引人，毫無頭緒反而成為此行的最佳目的。理清了心中的千頭萬緒，如此一來，在路上遇到任何的人、事、物，便不會怨天尤人，因為他們都是我的選擇，接著只要背負起自己的責任，就能轉身，出發！

想像的落差

做足心理準備並踏上異鄉土地後，一連串試煉接續開始。第一次住 Airbnb 的我，愚蠢地以為主人家會準備晚餐，下場當然免不了一頓挨餓。隔天午餐仍不知所措，沒有台灣習以為常的路邊攤讓人好驚慌，汗流浹背走了半個小時去買義大利麵和白醬，回家煮完還超難吃，才了解到原來料理還有調味這檔事；第一次在國外找工作，沒有熟悉的 104 或 1111 好心慌，打開報紙全是色情行業和水電工，但我不想下海也不懂水電；找到房子和工作後，看著所有人忙碌地準備隔天的便當，第一次驚覺自己不下廚，隔天真的會餓死；第一次試著炒菜，放了醬油還是超難吃，才知道有個東西叫鹽巴；第一次嘗試辦

1 恐怖義大利麵;2 恐怖求職陷阱,進去,就出不來了;3 先剪洋蔥頭,險剪手指頭。

公室外的工作,長達13小時的單一機械式動作,肩膀、手腕已劇烈刺痛仍不能喊停,戴了兩層口罩挖鼻屎仍是墨黑如炭,才體會勞工朋友的辛酸。

 ## 無預警的崩潰

第一天下班後的晚上,我吃著像粥的飯及難以下嚥的亂炒,按著疼痛不已的肩膀與手腕,看著鏡子裡憔悴的自己,想著遠方掛念自己的家人和朋友,幾天下來積壓的情緒終於再也按耐不住,無助感瞬間失重一湧而上,眼淚猖狂地奪眶而出,泣得抽搐不已,流得滿是淚痕。我不斷地問自己:「我到底在做什麼?為什麼要把自己搞得人不像人、鬼不像鬼?」電話另一端朋友溫暖的慰問,更是讓我徹底潰堤。

 ## 重新再面對

這樣的感傷不知從何細數,也不懂如何安放,此刻,只想放聲大哭。等到滂沱的淚終於慢慢滴乾,我想起了自己「**跌倒也要抓撮草,哭完還得把事**

解」的教條，將眼角的淚水擦乾，重新面對鏡子裡的自己。收拾行李回到溫暖的舒適圈，是最容易選項，卻會被當初信誓旦旦的自己笑話；背起行囊迎向前方的挑戰，是艱難的選擇，卻能為自己的堅持而感到驕傲。如果多走這一遭，我的人生閱歷能因此而更豐富，那不正是我所期盼的嗎？當初說要為自己的選擇負責，豈能轉身說逃就逃？看來，繼續走下去是眼前唯一的正解，即便它滿是荊棘，至少不會後悔。如同已經洗了一半的頭，就該認真洗完，如此才能以華麗的姿態，讓秀髮再次閃耀飛舞。

女孩絮語心聲說
GIRL'S HEARTFELT VOICE

一個女孩迎戰＝一團難打硬仗

人為了活下去，都必須付出相當的代價，將幻想泡泡戳破的，往往是現實的巨鎚。留在原地怨天尤人、否定不順遂的一切，是最為容易的，但這麼做無法打贏戰爭，不逃避現狀並積極尋求對策，才能站穩腳步進而反敗為勝。如果說獨自旅行的女孩是迎戰的主體，那麼迎面而來的未知便可視為強勁的敵軍。知己知彼，而後謀勝，想了解敵軍必須先細心觀察，對任何事物都要保持警戒心。作為戰略之祖、情報與戰術的資深研究員，孫子曾如此說道：「**兵者，國之大事，死生之地，存亡之道，不可不察也。**」──〈孫子兵法·計篇〉

是指戰爭是攸關存亡的重要大事，上戰場前必須慎重周密地分析與研究。女孩獨自旅行猶如上戰場，與其像我一樣出發後受到一連串想像與現實的落差攻擊，倒不如一開始就先做足功課，透過書籍與網路等各種管道，汲取前人的寶貴經驗，為自己接下來將面臨的困難與挑戰勾勒出清晰的輪廓，便能讓自己上戰場面對鬼使神差時，穩住自己的陣腳且處變不驚。

STATION

3

third

第三站

工作生存不容易
Being awful to awesome is not easy

極噩集二簽之恐怖柑橘園

薪資被榨快餓死，「騙」體鱗傷摔下梯，為了二簽都要忍。

 ## 誰拿二簽

　　聽到打工度假，親友就愛問：「要賺一桶金嗎？」如果是加拿大，沒花到老本就該感謝祖上積德，場景換成澳洲，淘金夢實現的機率確實不小，更有不少人爭取第二年及第三年簽證，以延長在澳洲賺錢兼旅遊的時間。

　　要知道，天下沒有白吃的午餐，澳洲移民局不會平白無故放送簽證。這第二、三年的簽證，俗稱「二簽、三簽」，是有條件的——**偏遠地區初級產業的人力資源總有短缺問題，背包客正是為澳洲政府緩解此困境的及時雨。**勞動力的缺口大小與勞力密集的程度高低息息相關，如同在台灣人們覺得辛苦的工作，總會看到外籍勞工的身影；在澳洲，人力需求旺盛的工作，例如，

採果、砍樹、捕魚、畜牧、鑽油井、扛鷹架等，多半地處偏遠鄉鎮，除非是當地居民，否則願意隻身前往工作的本國人是少之又少，因此這巨大勞動力缺口的坑便順理成章由廣大背包客來填補，只要願意在簽證期間內，從事偏遠地區初級產業之勞力工作，且工時與日數滿足移民局的各項規定，便有機會爭取多一年的工作簽證。

破釜沉舟

當初準備澳洲行第一件事，就是找好能集二簽的工作。出發前找到一份剪柑採橙的計件工，計件工的意思就是偷懶沒錢賺，我同時也知道，為我安排工作的工頭會從我薪水裡抽佣金，即便如此，抱著不以賺錢為優先、以集二簽為目標的我，明白再辛苦都要撐下去。

戳破謊言

抵達機場後，高效辦完手機門號、銀行開戶並抵達住宿，雖然環境髒亂人口密麻；冰箱沒空間、沙發有人住；買菜必須等人載，否則要步行一小時，這雖都是能忍的小事，但我卻在半小時後得知還有另一個房源，買菜走路只要5分鐘。過去常有買太多食材囤到壞掉的經驗，為了避免慘劇再度上演，我主動與房東聯繫取消租房事宜，殊不知，這

差點被坑。

個房東其實只是個二房東，並表示一小時前已佛心地、提早地、自動地替我繳交了澳幣110元的房租及兩週的押金給大房東且無法取消，即便我根本還沒碰到床。他這樣缺乏溝通及自作主張的行為已經讓我不太開心，但想想錢被墊付

了再吵也於事無補，同時原先接洽中，買菜只要五分鐘的房源，也傳訊息跟我說房客已招滿，我只能無奈接受事實。

正準備拿出行李時，赫然發現房間裡一絲光線都沒有，天花板雖有燈罩，近看才發現裡頭根本沒燈泡，現在是整人節目的實境秀？我是不是要去打包一袋螢火蟲回來打光？耐性用罄的我，緩緩走出房門說道：「沒有燈泡，我要離開。」我的最後通牒讓二房東慌了陣腳，大房東接到通知後很快地也出現了。經過大夥兒一番研究與討論後，當晚看起來是不可能解決問題了，畢竟晚上十點多在這鄉下地方大家都要睡了，哪裡找來水電工？這裡不是愛壓榨勞工的加班亞洲，而是早早放風的愜意澳洲，此刻二房東臉上盡是焦慮與不安。

至此，我的劇本走得很順：「引發騷動，進而引出大房東。」

「房租押金已繳、大房東拒絕協商」從頭到尾都是二房東單方面的陳述，被壓著打但始終存疑的我，終於迎來反擊的時刻。

「我才剛到這房子，行李也還沒拆。稍早有跟二房東反應想換房子，可他說你拒絕退款，請問現在這個狀況，是不是可以請你退錢給我的二房東呢？」我禮貌地詢問。

（此時二房東及其為虎作倀的同黨神色驚慌，急著想解釋些什麼卻欲言又止。）

「好啊，沒問題！」沒想到大房東竟阿莎力地應許了，超乎我的預期。

「明天我會拿90元回來給你。」大房東轉向二房東和他說著。

「非常謝謝你！」我向大房東鞠了一個大大的躬。

這簡短的對話卻揭發了四個真相：

第一，二房東的英文不太好，似乎聽不太懂我在跟洋人大房東說什麼，面露驚慌；

第二，二房東漲了近兩成的房租，但在場的其他房客似乎沒人聽出這件事；

第三，二房東根本沒和大房東討論退租一事，一心只想敷衍我；

第四，另一個房源的二房東之所以臨時通知我已招滿，是因為怕擋人財路，之後會被報復，事實上那間房子還有一堆空床位。

經歷了一番波折後，總算搬離了貧民窟。

 ## 違法上工

隔天清晨五點，一夥人共乘付費交通車，一小時後浩浩蕩蕩地抵達遠郊的果園，魚貫排隊等著登記上班。定睛一看，每個人手上都有一張小卡，等等，拿著卡片排隊登記？沒有卡片就不能登記了嗎？那我要怎麼上班？心中一陣慌亂，腦袋一片空白。此時，一個男子從口袋掏出一張神秘小卡，塞給了我。

「這是什麼？」看著卡片上頭的陌生女子，我不解地問。

「就說妳是卡片上這個人就好。」他匆促地回。

「這樣沒問題嗎！被抓到怎麼辦？我今天會不會做白工？」我著急地問。

「反正先這樣！」

差點被放鳥。

語畢，他一溜煙地鑽進柑橘園裡，留下一臉黑人問號的我，與一張來路不明的卡。直覺告訴我照做會出事，於是我耐著性子等到所有人都離開後，鼓起勇氣走向工作人員。才知道原來，持有該省核發的農業工作許可證，才能夠合法地進入農地工作，剛才的隊伍正是在逐一檢核入場資格，而這張卡必須回到鎮上才能辦理。

我打電話質問工頭，得到的回應竟是要我自己想辦法回到車程要一小時的鎮上。時間一分一秒地過去，沒有交通工具的我，最快也要等到傍晚大家下班才有共乘車可以搭，對於必須在三個月內集滿二簽時數的我，每分每秒都不能輕易浪費，體內的怒火熊熊燃燒，手上的電話瘋狂撥出，緊盯不懈地催促進度，沒多久後，總算逼得工頭派人把我載回鎮上，接著才拿到早該拿到、並且屬於我自己的工作許可證。

樹欲淨而人不清

被浪費掉的前一天，我必須在今天加倍補回來。上午剪柑，原則上兩人一組，新手三人一組。我同組成員有義大利小哥和台灣女生，前者只挑大果剪，後者則是我已經剪完兩棵樹，她半棵都剪不完。接近正午時分，其他組都裝滿兩大箱並準備邁向第三箱，我們這組卻連第一箱的一半都還裝不滿，

換成收入概念是，人家工作半小時就賺到一頓大麥克套餐，我們足足多花了兩個小時。

下午移動到採橘的場地，義大利小哥消失了，取而代之的是前一天神色慌張塞卡片給我的男子，聽說他是個快手，原先抱持「看來這組合應該能稍微放心了」這種天真想法的我，馬上被狠狠甩了一巴掌。眼前的台灣女生，摘了所有樹的下半部，上半部還掛著滿樹沒摘的橘子，原因很簡單：「因為她懶得搬重重的梯子、爬到高高的樹上、伸手摘遠遠的果子。」要知道，樹上的每顆果子，都是果園主花了一年漫漫等待並細心栽種的結晶，能夠採得愈乾淨愈好，把果子留在樹上的糟蹋行為是不被允許的。男快手大概是基於照顧新手妹子的心態，在遠遠的後方搬著梯子，默默地幫她把每一棵樹摘乾淨。這時台灣女生一邊滑著手機，一邊散著步走向忙碌的我。

「妳怎麼沒摘這棵樹？」她指著自己只摘了下半部的樹，問我。

「留給妳的呀。」我笑笑地回。

「妳不要這樣留樹，直接順著摘下去就好了啊！」她訓我。

當場大聲斥責、讓所有人注意到這問題人物，固然大快人心，但這種故意犯即便被指正，想必將惱羞成怒且瘋狂狡辯，懶得打口水戰的我，果斷地選擇無視她，並暗自決定明天開始有我就沒有她。

快餓死的薪資

後來的每一天，我幾乎都自己一組，偶爾與男快手一組，大掃除後的視野果然舒暢許多。第一週結束，正以為一切就要順風順水時，手中的薪資單看得我眼前一片黑──這個薪水完全不符合申請二簽的標準。我試圖保持鎮靜並釐清思緒，計件制的薪資每週要賺約莫澳幣 400 元才符合申請二簽的資格，在這個工頭底下，一天做滿 10 小時才賺 100 元，天氣不穩定、果況未成熟、或是臨時被砍班的話，當天可能連 50 元都賺不到，甚至沒有收入。第

二週結束，即便速度提升了，卻還賺不到320元，扣掉房租、交通、伙食費後，更是所剩無幾，差不多可以去要飯了。

體質不良更怕後天失調，另一個因素加劇了我低薪的慘況──工頭的差別待遇，堪稱果園版的後宮鬥爭。懶得逢迎拍馬，也愛質疑不合理的要求，讓我不意外地成了工頭眼中釘，有幾次工頭告訴我沒箱子了，讓我回車上等大家下班，卻在事後發現空箱早早就預留給其他人，等那些人摘完上車已是一個小時後的事情，意思就是，我空等的一個小時，人家正賺得火熱。相對於時薪制的工作，計件制工作想集到二簽本就面臨更多挑戰，而差別待遇更讓這樣的窘境雪上加霜。

生命安全由不得自己

要說這份工作最大的噩夢，非工作安全莫屬。柑橘類樹種不矮，必須使用又高又重的梯子，才能摘到樹上的柑橘，身為戶外工愛好者、曾經摘過櫻桃的我，對於爬梯子並不陌生，但這次的梯子卻讓我傻眼，因為它只有單面。正常的雙面梯有四個能對地面平均施力的梯腳，而這單面梯只有兩個腳，卡在錯綜複雜的樹枝與樹幹間使用，靠身體保持微妙又危險的平衡，這其中只要有任何自然或人為因素干擾，就能讓人一秒摔落。

自然因素	樹枝本質脆弱易斷，爬梯到一半時，樹枝很可能承受不了梯子與人的重量而硬生斷裂或彎折，這時梯子就會失去平衡而倒塌。
人為因素	誤判可架設點，爬到一半才發現梯腳懸空，搖搖欲墜的梯子隨時會倒地。

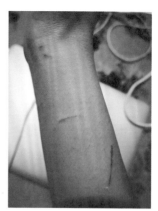

 1 差點被戳瞎；**2＋3** 沒停過的皮開肉綻。

　　梯子雖沒有到一層樓這麼高，但聽說有人摔下後動也不動，走運的我只是磕磕碰碰了連續六階、削皮見骨劇痛了一個多月而已，差點從頂端摔落的驚險一瞬是家常便飯。

　　身體髮膚受之父母、損之有愧，媽媽好生保護了十個月的小身軀，當然不可以隨隨便便就斷手、斷腿、瞎了眼，想賺錢的念頭永遠不能凌駕於安全之上。之所以特別提到瞎了眼，是因為柑橘樹的尖刺無處不在，輕則在手上、臉上劃上傷疤，重則如利刃刺入重要器官。在這種危險環境下，工頭仍是不斷催促速度，並且要求把危不可及的地方也摘乾淨，是置他人生死於度外。

保命防「跌」

　　背負著折手、斷腿、瞎眼的威脅，「臥薪嘗膽」了三週後，等到了豬肉廠的錄取通知，二話不說，馬上訂票，隔天起飛，保住了性命。再會了！壓榨的工頭、可憐的薪資、恐怖的橘園。

一個女孩沒人罩＝一盞啟示來探照

過去的困難與不順，日後咀嚼起來，總是別有一番風味。

一群人一起找工作，要嘛團結地有利談判，要嘛團結地便車效應；一個人找工作，有無牽無掛的方便，也有無依無靠的哽咽。不同選擇間，不分優劣，只求無悔。選擇隻身一人打工就得要做好單打獨鬥的打算，獨自面對這些負能量超載的瑣事，雖然當下氣到不行，再回首時卻覺趣味橫生，原來，同一件事經過時間的淬煉，竟然能有全新的韻味。

緊迫的時間內集二簽

在極度有限近乎不足的時間內，我必須要達到集二簽所有必要的條件，否則，我將永遠失去申請二簽的資格。這讓我想起一個退休特務，他要在短短96個小時內將被綁架的女兒救回來，他說過至今仍膾炙人口的一段話：

我不知道你是誰，但我有非常特殊的能力，而我的能力將成為你的惡夢。如果你馬上放我女兒走，我就當作沒這回事。如果你不這麼做，我會找到你，然後殺了你。（I don't know who you are... But I do have a very particular set of skills... Skills that make me a nightmare for people like you. If you let my daughter go now, that'll be the end of it... But if you don't, I will find you, and I will kill you.）──電影《即刻救援》

二簽如同等待被救援的女兒，過程中糟心的事如同阻礙救援行動的綁匪，沒想到最後的最後，我竟然能夠化險為夷成功救回二簽，這麼說來，我也是地表最強老媽。

有限的接觸中找破口

在資訊不對稱的劣勢下，我必須想盡辦法揭穿二房東的謊言並逃離受困之地，否則就要任人宰割。在近乎完全封閉且充滿威脅的環境內，以身邊可利用的人事物解開謎團，最終達到逃離該區域之目的……原來我所經歷的換房風波，根本是密室逃脫的實境版。先前玩遊戲的時候總是不太認真，常常是超時失敗告終，這回碰上了真實版的密室，動了真格的我終於成功解開謎題！果然，每一個敵人都是激發自己潛力的貴人。

非法的情境下能自保

在充滿未知的迷霧裡，我必須理清所有的狀況才能踏出下一步，否則一個不小心就會落得冒用人頭的罪名。這樣無心卻被栽贓的情況在台灣也是時有耳聞的，例如，前一秒才剛從地上撿起皮夾，後一秒馬上有個不知道從哪冒出來的人說他的皮夾被偷，手持皮夾的人頓時成了人贓俱獲的代罪羔羊。在台灣都知道詐騙猖狂要防範，更何況在法律奇特又嚴格的澳洲，更是稍加不謹慎就要吃牢飯。一個男子拿著來路不明的卡片說：「照著我說的去做就沒問題了」，這看上去真的很像165天天接到的電話。

眼見不一定為真。什麼是真、什麼是假呢？（目に見えるものが真実とは限らない。何が本當で何が嘘か？）—— 日劇《信用詐欺師JP》

不好的相遇要斷捨離

在人蛇混雜的環境裡，我必須用心觀察周遭的人事物，才能避免誤踏雷池而遍體鱗傷，這樣的心境如同使用交友軟體。不論是尋找心目中的公主或王子，或是認識志同道合的朋友，人們目的不同卻不約而同地捧紅了交友軟體，透過閒聊很快地知道彼此合拍與否，然後選擇延續交談或結束話題，更多時候是滑掉那張不合胃口的臉。從前的我覺得這種訴諸直覺的方式太過粗暴，後來才發現，直覺根本是上天賦予我們的雷達，因為它就是生活經驗累積而來的結晶。不得不說，在橘子園第一天同組的台灣女孩，我看到她的第一眼就有不妙的預感，因為一時猶豫而讓她有機會繼續軟土深掘我一整個下午，幸好我很快就學習交友軟體的精神，隔天上班前就滑掉她。粗暴，但 trouble out。

無能為力的事，當斷；生命中無緣的人，當捨；心中煩欲執念，當離。──山下英子

交瘁的心力只盼終點

在看不到希望的日子裡，我必須要時時催眠自己「繼續爬努力摘、下週薪資單會達標」，才有堅持下去的動力。希望渺茫卻又得苦撐的掙扎，讓我想起了一部史詩級的災難電影《鐵達尼號》（Titanic），冰冷汪洋中全身濕透瑟縮在木板上的蘿絲，煎熬地徘徊在絕望的邊緣。然而，一介平凡人的我，無法奢望有個傑克帶著木板來救我，自己躺的木板自己找，活不活得下去就看自己氣有多長了。

我們能做到的永遠只有眼前的事。──動畫《鋼之鍊金術師 Fullmetal Alchemist》

如同抵達馬拉松終點的那一刻，對堅持不放棄的自己有著無盡的感激，正是因為每一秒、每一個努力往前衝的自己，此刻的自己才能抵達這企盼已久的終點。這麼說來，堅忍挺過快餓死的日子，並且順利離開的我，真的很勵志。

悲觀看威脅，樂觀去處理

在隨時會突然身受重傷的樹叢裡，我必須集中比平常多十二萬分的精神，才能倖免於一次次突如其來的威脅。無法預防的安全威脅看似悲觀無望，實際上卻可以樂觀面對，例如，在內心深處偷偷舉辦生前告別式吧！人走過一遭鬼門關後，會迎來一個全新的自己，且心境會變得十分不一樣。帶著感謝的心情告別辛苦撐過上一秒的自己，迎接仍在冒險途中下一秒的自己；既是接受祝福的主人翁，同時也是繼續前行的觀禮者。如此，站在安全威脅的面前時，就能越過「死」，看到「生」，將恐懼轉換為溫暖的力量繼續前行。

心靈是自己的地方，它本身可以把地獄變成天堂，也可以把天堂變成地獄。（The mind is its own place, and in itself can make a heaven of hell, a hell of heaven.）—— John Milton

不要太在意生死的緊張，我們只要在意把握當下，恆持剎那。——證嚴上人

中西方的智者說著不同的語言，卻道出同一個道理：一念生死，境由心生。反映在我的故事裡，就是與其怕得要命，不妨置生死於度外，情緒自然就不再被恐懼綁架，地獄般的處境也就能變得像天堂般有趣。如果人生中遇到困難時，能時時銘記此刻的體會，那麼再悲觀的處境，想必都能夠樂觀去面對了。

大家都說我很幸運，其實

每一次的努力都是稻穗收割前的翻土與施肥。

　　大家小時候可能有相似的經驗：平常表現普通，某次突然考超好，甚至贏過班上資優生而全班嘩然，正當你欣慰著前一晚熬的夜沒白費時，一句「狗屎運欸！」傳到你耳際，原本的好心情頓時蕩然無存。

　　不知道人性是否真的本惡，很多人總愛用他人的不幸來凸顯自己的幸福，看著別人進展順遂，就想貼個「幸運」的標籤，來證明自己有多不幸，好讓心裡舒服一些。被貼標籤的人，過往的耕耘就這麼被輕易抹滅，煎熬的等待形同虛擲，滿倉的稻穗被挪揄為憑空出現，這口氣實在嚥得憋屈，心裡明白努力的痕跡不該被「幸運」二字給粗暴概括。愛因斯坦說過：

困難裡藏著機會，千萬別在奮鬥的道路上半途而廢。比起追求現實的人，那些懷著遠大夢想的人更具有強大的力量。（In the middle of difficulty lies opportunity…Never give up on what you really want to do. The person with big dreams is more powerful than the one with all the facts.）—— Albert Einstein

明知前方困難重重，還是努力前進，深知目標為何，才能鍥而不捨，才能在最終，與成全自己的機會相遇，搭上挺進的火箭，抵達遠方，如同辛亥革命的成功，必須歸功於前面10次的犧牲與付出。這麼說來，努力與幸運其實是相互依存的關係。長久以來人們將幸運與機運劃上等號，實則幸運有個不可告人的秘密法則，它的面貌長這樣：

幸運 ＝ 機會 × 能耐

幸運 ＝ 達到目標的機率

機會 ＝ 人為創造 ＋ 自然條件（天時／地利／人和）

能耐 ＝ 把握機會的能力

也就是說，多努力，就有多幸運！

天時、地利、人和這些先天條件不可控，雖不公平卻也是現實，等不到機會從天而降，就要主動出擊！透過更多的後天努力，便可提升先天不良的機會體質。有了機會，也要有能夠將其抓住的能耐，能耐是多面向的集合體，包括語言、個性、經驗、技能，甚至性別等複雜因素。正視無法控制的固定項，例如，性別、極大化可操控的自變項，例如，語言、經驗等，接著便是等待降臨的幸運。如同耳熟能詳的名句「機會只留給準備好的人。」再大的天賜良機都需要有足夠能力去承接，想讓自己更幸運，就不該有能耐不足的藉口，否則就等著幸運值歸零。

回首一路打工度假，經歷了不少被人說「好幸運唷！」的事情，梳理一下這些所謂從天而降的幸運，都符合這秘密的法則。以取得各國簽證的過程為例，來跟著我一起還原現場。

紐西蘭打工度假

背景　好山好水好漂亮的紐西蘭，每年只開放 600 個名額給台灣人，一年一次，先搶先贏。通常搶簽都在奇奇怪怪的時間，不變的是癱瘓的網路。

以我自己為例，早上六點開搶，五點一路奮戰到八點才搶到。如果是上班族，必須有犧牲清晨睡眠時間、跟公司請假 1 小時的心理準備，不管是太早爬不起來而放棄、為了趕上班而放棄，或試了一個小時仍沒進展而放棄等，現實中存在各種足以讓人放棄的理由，只有一個理由能讓人堅持下去，那就是「不管怎麼樣我都一定要去！」的意志。

說明　很多人嘗試各種方法，包括跑網咖、待國外、找隊友，結果卻輕易被手機使用者捷足先登。這個例子說明天時很重要，雖然我也是很努力，但決勝關鍵仍在老天爺。

$$幸運↑ = 機會↑（天時）× 能耐$$

加拿大打工度假

背景
每年開放約一千個名額給台灣鄉親。與紐西蘭先搶先得不同,加拿大近年採抽籤制。抽籤方式很特別,在該年開放至關閉申請的時間內,不定時從已提出申請的人們,也就是候選人池當中,抽出不定人數,直到所有名額抽完為止,期間約半年。

說明
其實中籤後才是挑戰的開始,因為加打簽證要求的資料既多且雜,所有體檢和指定文件都必須在中籤後的20天內完成繳交。回想我中籤時,人遠在紐西蘭,還剩2個月的紐打時效,卻只能緊急撤回台灣。理由一,台灣良民證代辦很麻煩。理由二,國外體檢又貴又久,台灣便宜效率高。銀行的存款證明還算好解決,而紐西蘭的良民證卻足足折騰了我超過一個月,這是西方國家的辦事效率。催促信寄了、電話打了,連司法部都去了,就是要妳慢慢等。每天睜開眼就是開信箱,再失望地按叉叉。所以說中籤只是加打的基本條件,成本還包含犧牲掉的紐打時效,及奔波文件的時間、心力,相當不容易。

幸運↑↑ = 機會↑(天時+地利)x 能耐↑(和時間賽跑)

日本打工度假

背景 日本每半年提供2,500個名額給台灣「捧油」，亦即一年5,000個名額。申請方式不是先搶先贏，也不是抽籤，我稱之為混合制，須於每年開放申請的時間內提交四份備審文件，依序為申請書、履歷書、理由書、計畫書，一個月後，審查結果將公布在日本交流協會前的巨幅榜單上，同時開放網路查詢。

說明 如果弄丟申請的單據，等同失去領證的資格，建議本人親領，因為代領手續既麻煩又複雜；另一方面，從榜單上的序號可看出競爭者眾多，並非申請就會上。既然摸不清評審委員的審核標準，就只能拚命天花亂墜又要看起來腳踏實地，寫滿每一份申請文件，構思起承轉合，一個錯字都不能有，一點廢話也不能留，送出前最好再請人協助校閱，囉嗦到足以殺死腦細胞。所以日打簽證，我會說人為努力約占九成的比例。

幸運↑↑ =
機會↑（天時＋人和）X
能耐↑↑（耐著性子寫完繁雜文件）

　　拿到簽證都只是挑戰的起點，後續的求職及住宿才是真正硬仗的開始。求職道路上也常被誇運氣很好，究竟又是發生了哪些事？下一站將為你揭曉。

一個女孩乏了＝一畝整地休耕

不少人聽到我飛出台灣都會接著問：「為什麼要一個國家接著一個國家去？」而我每次總是笑哈哈地帶過這個話題，或許是因為在那個當下自己也說不出個所以然。經歷了好些日子與自己獨處並深入剖析後，我發現原因真的不冠冕堂皇——就只是因為生活得乏了。

土壤貧瘠時需要休耕，心靈也是。（There is a fallow time for the spirit when the soil is barren.）——Howard Thurman

老天爺不公平地給予人們不同的家世背景與機運，卻公平地給予每人每年365天。工作一成不變地做著，生命油燈一點一滴地熔盡，單調的日子集滿365個，再換另一個單調的1年，肥肉一層一層地冒、髮線一寸一寸地退、笑容一抹一抹地逝……我忽然驚覺這樣的人生劇本真的太乏味了！

我忍得發慌，一分一秒都不想再忍，所以決定為自己創造人生的轉捩點，來一段改變自己的長假，誰說只有男兒能志在四方，準備好的女孩也能雲遊四海。透過出走的旅行，將自己的思維觸角向外延伸，每邂逅一個新的國度，都為自己的舊靈魂注入新活力。如果說文化衝擊帶來的碰撞是一次又一次的翻土，那麼過程中數不盡的淚水與汗水便是最耐人尋味的施肥。

若能在沒有返程的人生旅行中，刷新停滯已久的三觀，發掘生命的樂趣與自己存在的意義，那麼他人眼中出走的荒廢時光，正是迎來金色麥田前不可或缺的整地休耕期。

大家都說我很幸運，其實 工作篇

愛情裡不宜死纏爛打，求職時，可以。

　　延續前一篇的幸運公式，獲得幸運的心法是「機從天降之際，有能力一手抓住」，把握這個大原則，也能在求職之路上狩獵幸運的機會。遊了一些國家，做了幾份工作，每個工作機會雖來自不同產業，卻同樣不易獲得，這些經歷稱不上閱歷無數，倒也讓我感到自豪。

 ## 奇異果包裝廠

　　奇異果產季，包裝廠人力需求大增，每年吸引廣大背包客前來應徵。全紐西蘭最大的奇異果鎮是 Te Puke，鎮上 4 大包裝廠，進任何一間都足以讓人羨慕，而他們全被我一網打盡──沒有車全靠雙腳的我。從租屋處走到各大

包裝廠都要一小時以上，今天去了沒缺，
明天再去一次，再不行後天也去，每天幾
乎在腿痠奔走中度過。

　　過程中撞見比我晚來的洋人，卻早我
一步錄取，心中的髒話鋪天蓋地，仍得沉
住氣燦笑詢問：「今天有缺嗎？」即便此刻
根本想跳上櫃檯揪人資的領子質問：「你
當我吃素的？」

　　往返的過程中，與路上的牛鄉民結為
知心好友，牠們常常用眼神問候我：「怎麼
又是妳？」

 ## 摘櫻桃

　　如果說冬天的滑雪場炙手可熱，那夏
天的櫻桃場便是一位難求。戶外農場工雖
然辛苦了點，但以桶計價的薪資條件讓各
路好手眼冒金「鑫」，若季節佳、果況好、
摘得快，錢就是一桶一桶地抱，因此櫻桃
產地之所在，為龐大背包客之所趨。季節
還沒開始，工作便已難求，房源與床位也
供不應求，沒有提前一個月來卡位，是很
難找到住宿的，於是許多人帳篷睡著睡著，
兩個月也就過去了，洗澡煮飯再麻煩都要
熬下去，因為櫻桃金值得。

為了得到夢幻櫻桃缺，不論是工作或住宿，我都下足了功夫。

　　季節開始前我還在隔壁鎮工作，距離櫻桃區車程45分鐘，即使下班再疲勞，我都努力撐著開過去，拜訪看看有沒有工作機會。訪了很多場，投了很多履歷，平日去、假日也去，卻都沒有回音，汽車輪胎框也在這番來回奔波中，不翼噴飛。

　　某天離職後心情不太美麗，索性發動油門兜風去，在摸蛤兼洗褲的心態下造訪櫻桃區，意外問到一個場要我隔天五點來報到，開心允諾後，隔天卻掙扎地醒不來。心想難得的機會可不能在散漫中錯過，我努力撐開眼皮，在意識混沌下開了半個小時的車，幾度連車帶人往懸崖邊衝而驚醒，不得不停靠路邊小盹一會兒，再醒來竟已七點半，工作機會居然被我睡掉了……心灰意冷之際，來到4度拒絕我的場打算集個第5次，說時遲那時快，我死纏爛打的面孔已被記得，剛好接住了熱騰騰釋出的職缺。我藏不住若狂的欣喜，因為這是全紐西蘭最家喻戶曉、最名氣響亮、薪酬也最乾淨漂亮的櫻桃場。過去來回找工作的過程，願意同行的人很少，因為他們總說很累、很麻煩，

下班想休息，取得這枚黃金職缺後，還被人泣不成聲地追問：「為什麼妳那麼幸運？」真讓我有「十年寒窗無人問」的感受。

　　工作找到了，住宿的艱鉅挑戰還在後頭。初期找到的住宿機能簡陋卻要價高昂，後期住進朋友介紹的廢棄倉庫，抵達時馬上倒抽一口氣，倉庫堆著紙箱、木條、蜘蛛網、鐵釘、厚灰及各類爬蟲，搭配著壞掉的燈座、失修的電箱、破掉的窗戶，以及門口的蜂窩……對，這是正常人不想踏進、伸手不見五指、晚風凍寒吹的無人區。我環顧四周，眼神堅定地為自己打氣：「好，就睡這裡了！」捲起袖管，目光掃著如同經歷兩次世界大戰的遺址，上網找到了床架和床墊，和朋友合力扛起、載回，雖然沒能接電而無燈可用、用紙板黏的窗戶半夜總是被吹開，但至少，長得有點像房間了。聽到我便宜房租的人，老是愛說：「好好喔，怎麼那麼便宜！」工作也好，住宿也罷，他們忘了有一個諺語叫作「天下沒有白吃的午餐」。

| 1 | 2 | 3 | 4 |
| | | | 5 | 6 |

1 蹲在假日無人的辦公室外寫紙條；**2** 後來紙條石沉大海；**3-6** 住宿的廢棄倉庫。

滑雪場

每個國家的滑雪場，是打工仔萬年大熱門的選擇，相較農業季節工，滑雪場的競爭更是劇烈。一來，冬天工作難找；二來，能免費滑雪。要知道一張長達三個月的季票，行情價折合新台幣約兩萬元起跳，對於熱愛滑雪運動的人來說，一張員工證等於一張免費季票，且在工作空檔還能去小滑解個癮，簡直是結合了麵包與興趣的夢幻工作。我非常有幸在眾多洋人中突破重圍，順利拿到好幾份滑雪場工作。

紐西蘭時期

搭著友人來回共6小時的順風車去面試，那時英文聽不懂一度靈魂出竅，直到面試官，也就是日後的大主管，提到了騎馬的關鍵字，我就像抓到了救命繩，回神瘋狂「練肖維」，笑得主管花枝亂顫，幾天後，就收到錄取通知了。

住宿也是折騰了好一段時間。由於宿舍床位有限，只好另尋住處，然而這個滑雪場位於國家公園內，居民不多，更別說願意出租房間的房東，原本幾個人說好一起合租，卻在入住前夕被放了鴿子，眼下可行的選擇只剩背包客棧，情勢慘澹之際，瞥見一則徵房客貼文，馬上聯繫並引介另一個需要幫助的台灣人。這段滑雪場工作的日子，能住在有火爐、有熱水且簡單又乾淨的房子，相較於多數人擠居的背包客棧，真的相當幸福。

加拿大時期

以為有了紐西蘭滑雪場的經驗，找工作應該會勢如破竹——結果大錯特錯。加拿大幅員遼闊，滑雪場多，但來自各國的競爭好手更多，應徵難度也水漲船高。初期投的履歷幾乎石沉大海，其中不乏投了兩次甚至三次的，由衷體會到「不愛你的人，就算你再努力還是不會愛你」的道理。

心灰意冷之際，信箱終於捎來第一封面試邀約，知道我人在遙遠另一省的主管還貼心地改採電話面試，說真的，我嚇歪了，因為聽說讀寫中的大魔王非聽莫屬，看不到說話者的嘴型讓我惴惴不安，抖到想找人代打，到了面試當天，別無選擇地接起了電話，午休便當一口都沒來得及吃，講了整整半個小時，所幸歪打正著地相談甚歡，主管甚至當下就提供合約，說非常喜歡我，等不及見到我。

好壞皆成雙，不久，另外兩家滑雪場也邀約面試，其中一家氣場和我不合，另一家則是面試當下就期待我盡快到職，一邊猶豫該選哪一份合約，一邊卻念念不忘夢想中的滑雪場：這夢幻滑雪場是奧運選手的練習地，優秀的雪質相當出名，讓人魂牽夢縈，即便必須花上半天的舟車勞頓、即便每次的回覆都是謝謝再聯絡，我仍是去了好幾趟，後來也如願面試並順利通過，也立刻婉拒了其他滑雪場。生平頭一次拒絕工作得如此難分難捨，畢竟說出「聊得很開心，如果一起工作肯定是段快樂的時光」的好主管，打著燈籠都不見得遇得到的。順帶一提，在還沒拿到合約前，我甚至準備好，要獨自開 20 小時的車去另一個知名的世界級滑雪場面試。

上述拿到的合約，皆是加拿大前十大的滑雪場，最後選擇的夢幻滑雪場更是世界級的。周圍的人聽到了都直呼：「妳好幸運喔！」但該怎麼說呢？努力功不可沒。

種松樹苗

在紐西蘭做過最快樂的工作之一，賺得到錢，同時主管、同事人都很好的工作——種松樹苗。無業狀態一個月的我，在貴人的介紹下得知這份工作，大半夜原本在車裡已躺平準備入睡的我，心想明天再來處理吧，忽然一個念頭襲來：「會不會晚這一步，別人就捷足先登了？」以我極差的記憶力來說，隔天起床就忘了這件事是極有可能的，幾經掙扎後，決定關回懶惰蟲，起身開履歷，刪刪改改後迅速寄出，也因為這個轉念，我成為最後一個被面試並錄取的幸運兒。

若沒有貴人相助、戰勝懶惰蟲，我大概就要和這份帶給我很多歡樂回憶的工作擦肩而過了。順帶一提，許多同事經由仲介來到這裡工作，薪資都有嚴重被抽成的狀況，能夠成為被直接聘僱的員工，真的是滿滿感恩的心。

# Roots

這台灣朋友耳熟能詳的戶外運動服飾品牌，來自加拿大，在加拿大打工度假期間，我曾在這裡服務過。起初在投完履歷後沒消沒息，幾天後我按耐不住直擊店面，就成功得到面試機會了。說實話這面試對我來說很困難，因為主管的語速大概是2倍速播放，我努力壓抑內心鋪天蓋地的驚恐與吼叫，表現得開朗健談又舉止得宜，活像水面上看似優雅、水面下划到抽筋的天鵝。可能被我冷靜的外表所矇騙，主管很快就給我合約，讓我誤以為 Roots 是不是來者不拒，之後才發現其實很多人的履歷要嘛音訊全無，要嘛面試後還是音訊全無。好吧，真的要感謝老天，讚嘆老天。

豬肉廠

全東澳最大豬肉廠，白到不能再白的工，很多人進不來的夢幻工廠。有些人為了進來，甚至願意透過仲介進屎房工作，所謂的屎房，就是處理一切和屎有關的內臟器官，氣味相當濃烈，是勇者擔當的工作。

得到這份工作前，我還在工頭底下受盡剝削地採著橘子，水深火熱卻仍難繳房租。後來一位貴人朋友幫我投遞履歷給豬肉廠人資，另一位貴人朋友則告訴人資我與他同行。要知道，豬肉廠工作性質屬高勞力密集，女生很難單獨進入豬肉廠工作，與男性友人綑綁在一起，應徵上的機率才會高一些。貴人朋友說每天都有人接獲面試通知，只是沒一個是我，眼看荷包已見底，眼下的工作又危險，我決定死纏爛打放大絕，每天打電話撩人資將近兩週，後期人資已明顯語帶不悅，如此煩人的高度存在感，終於得到面試邀約。

這讓人驚喜的邀約伴隨著高度挑戰，人資週五下午打來通知下週一上午面試，我人在車程將近20小時遠的農鎮，而且沒車，搭巴士轉乘也要三天的時間，時間壓力迫在眉梢，但眼下沒有第三條路，我抱著破釜沉舟的決心，

訂好隔天的班機，等同回台機票的票價讓我瞬間負債，從接起電話到抵達豬肉廠只花不到24小時讓我精疲力竭，能抓住這個機會不只要感謝自己的「速戰速決」，更重要的是貴人朋友願意拔刀相助。

挺過報到的硬仗，面試內容更是一場更難打的硬仗，包含20下交互蹲跳、10下伏地挺身、30公斤重的箱子由頭頂至腰間來回舉放10下。看起來很簡單，實際做了就會發現超級吃力，我學生時期伏地挺身都零分，沒在練肌肉的女生真心會崩潰，人資說：「很多女生被刷在體適能這關，重新來了二次甚至三次都沒過關。」別問我怎麼挺過的，只能說，人在被窮逼急及腎上腺素的爆發下，是可以激發無限潛能的。

而住宿則是另一段故事了，待後續篇章深聊。說到這裡，我想表達的感想是：<u>敲門磚固然重要，後續的死纏爛打、高行動力及努力撐破體能極限的毅力，都是獲得這份工作最不可或缺的要素。</u>

或許鑄打過的鐵就是比較耐用，太易膨脹的氣球就是注定破裂，有時候太容易找到的工作，比夏蟬的生命還要短暫。

Roots。

豬肉廠。

電子零件廠。

 ## 電子零件廠

要小心開著萬年職缺的公司，例如，這份工作。這工廠很忙，每個員工像是有人在背後追殺般急速工作，除了老鳥外沒人能納涼。我總是努力達標，

卻突然在第五天被炒魷魚，減產什麼的理由聽聽就好，畢竟同期的新人無一倖免，突然就覺得沒那麼孤單了。

 ## 四星級飯店

在餐風露宿後好不容易找到的飯店工作，一個小圓桌，兩位經理與我面試，那壓迫感如雷罩頂，但靠著可圈可點的表現，當下便取得合約，也推遲了前一天取得合約並試工過的三星級飯店。雖然不久後我就去摘櫻桃了，而中間的轉折又是另一段故事了。

我認真相信，每一次的幸運都是很努力、很努力地創造機會後，才能啟動的小奇蹟。得到幸運之前，犧牲睡眠時間、疲勞轟炸，甚至榨乾荷包、換取機會，都是必要成本的話，幸運是否還會被視為隨機的從天而降？如果老天爺願意提供機會，隨之而來的等價交換是否已萬事俱備？重點從來不是時不我與，而是努力到哪裡。

一個女孩 1.01 ＝一股悲觀爆發力

　　桌上放了杯半滿的水，若說「『還有』一半的水！」會被稱讚好樂觀，但我更喜歡專注「『只剩』一半的水！」。身處於推崇樂觀主義的時代，人們堅信正面能量才能帶來正面的結果，站在對立面的悲觀主義往往被視為需要矯正的缺陷，我也曾如此深信著——直到我認識「防禦性悲觀」（Defensive Pessimism）為止。

　　準備做任何事之前，我習慣在腦海中將各種可能的情況演練過一輪，好的壞的一律不放過，以便在任何情境下都能從容以對，並且在最糟的選項裡做足準備，將損害降到最低。這種明明事情都還沒發生就往最糟方向打算的特質，心理學家 Norem 和 Cantor 在1986年的研究中給予了完整的定義與詮釋：

我意識到他們（防禦性悲觀者）一直以來把事情處理得很好，這歸功於他們悲觀的特質。負面思考而產生的焦慮感，促使他們有了具體的作為。（I began to realize that they were doing so well because of their pessimism... negative thinking transformed anxiety into action.）——Julie K. Norem

　　不同於怨天怨地卻又遲遲不採取行動的人，防禦性悲觀者為了避免腦袋裡演練過的壞事真的發生，努力將焦慮的感覺轉換為務實的準備，當樂觀卻鬆懈的人還搞不清楚狀況時，防禦性悲觀者早已繞道而行、化險為夷。閩南語有句諺語為「好天著積雨來糧」，意思是天氣晴朗的時候，別忘了開始儲備雨天時需要的糧食，這種未雨綢繆的觀念正好與防禦性悲觀遙相呼應。

回到前面半滿杯水的例子，並將情境延伸至沙漠之中，若只是一味樂觀地看著還沒被喝掉的半杯水，便不會意識到接下來可能面臨的渴死危機；與其一味地認為自己的計畫無懈可擊，更應該事先關注可能出錯的環節並思考如何避免，才能更游刃有餘地處理各種狀況。這樣防患於未然的防禦性悲觀，有學者認為是成功者的重要特質。

　　有著防禦性悲觀者傾向的我，總在懶惰魂恣意猖狂時想起日本勝山小學校長的「1.01 vs 0.99」法則，內容是這樣的：「1.01是每天多做 0.01，0.99是每天少做 0.01，365 天後，一個成長到 37.8，一個萎縮到 0.03。」

1.01的法則	**$1.01^{365} = 37.8$**
0.99的法則	$0.99^{365} = 0.03$

　　正所謂差之毫釐失之千里，只要持續一天努力一點，終究能讓準備之路臻於完善。我能夠在不同的國家幸運獲得很多人喜歡的工作，有賴於那不起眼的 0.01 努力，如同滋潤大地的積雨雲，在日以繼夜地收集大量水氣後，才有辦法以飽滿之姿降下甜美的甘霖。

　　究竟是樂觀好還是悲觀佳，取決於看事情的角度，以及是否能善用這份特質，如此一來，即便是被稱為缺點的悲觀特質，也能在意想不到的時刻，給予自己一記具有爆發力的助攻。

01

有關係？沒關係！

> 江湖在走跳，關係不能少。經歷國內外職
> 場洗禮後，深感「有關係就是沒關係」不只
> 適用台灣，更是放諸四海的萬用方程式，上班
> 族如此，打工仔亦同。沒關係？那就像越
> 紙打怪。

#紐西蘭的滑雪場

掃地阿姨的職缺聽起來超好拿，吸引很多背包客應徵，但絕
大多數都被謝謝再聯絡，包括我的幾位朋友。在我上班幾
天後，得知同事當中有一位是主管的姪女，嗯！原來如此。

#加拿大的極光公司

我一週上不到20個小時的班，我的過勞同事每週
工時高於45個小時，我滿閒的、滿鹹的，怎麼流
淚了。我的主管是日本人，這位同事也是日本人，嗯！原
來如此。

#澳洲的培根肉廠

有段時間，上百人的日班天天做錯數百個產品，使得晚班近百人
必須幫忙善後，加班趕完被做錯的大量訂單，後來才知道日班
前陣子升了一個沒經驗的新主管，你懂的又是那誰的誰，嗯！原來
如此。

有段時間，我在工作上用力表現，完成所有困難的任務，想讓主管同
意我轉做刀手，因為加薪幅度很高，可惜持續兩個月都只得到「現在
沒缺」的回應，即使刀手區陸續來了新面孔，其中一位，是幾週內就
順利轉刀手的前同事，與小主管的互動可說是如膠似漆、情同姐
妹，嗯！原來如此。

開外掛的實戰經驗

為辛苦血汗、為自己權益、為國族意識，都要浴血奮戰！

　　如果你是腎上腺素一爆發，就會變成戰鬥力超強的超級賽亞人；或是發現自己要完蛋了，就會使出各種雕蟲小技求生的櫻桃小丸子……那麼我們是同類人，接下來的幾則小故事應該會合你的胃口。

 ## 把偷藏的東西交出來

引線　在某間工廠裡，我與眾多背包客在排隊求職的隊伍上。人資剛告訴我暫時沒有職缺要再等等，我才正要推門離開，馬上聽見有人被錄取了，還是排在我後面的洋人。

　我凶狠地折回人資面前：「請問……是不是有職缺了呢？」但卻弱弱地詢問。
雖然人資的差別待遇讓人火大，但需要這五斗米的人終究是我，所以只能
好聲好氣地用詢問代替火山爆發的質問。

勝
負　**勝**。隔天就收到熱騰騰的錄取通知，同行的人們仍在望穿秋水地等待。

 ## 偷我的錢心臟要夠強

引
線　在某個滑雪場裡，剛入職的第一天便發現工作內容與職缺描述有巨大落
差，因為無法接受而提出辭呈。回家敲了敲計算機，抵扣宿舍費後應該還
能拿回將近一百塊加幣，於是滿懷期待等著、等著，等了兩週，帳戶仍沒
有動靜，寫信給人資，才發現薪資單裡的薪水全被奇怪的名目給扣得精
光，一毛都不剩。

戰
鬥　事實上在等待的這兩週，我寫了很多詢
問信，每一封都石沉大海，直到我寄
出去的信件內容多加了一行字：「下一
封從我這裡寄出的信，將是寄去政府
單位的檢舉信，內容包括，逃漏薪資、
逃漏稅、剝削外籍勞工、種族歧視、非
法未給付加班費等名目。」

勝
負　**勝**。一天內拿到修正的薪資單，一周內拿回全部的薪資。

 ## 「印」是要放鴿子

引
線　某次旅行後山窮水盡了，便找了一間地點偏遠，租金相對划算的印度人房
子。雖然要跟一個看起來就明顯好色，且容易有犯罪意圖的男子同個房間
根本是不智之舉，但無奈的是，當下的我沒有太多選擇，因為害怕被騙財

又被騙個資，一開始就向房東表明我的手頭很緊，暫時無法繳交押金，同時也拒絕提供護照影本。身為房客這要求當然也不合理，不過幾經討論後，印度房東倒也同意了這些條件，雙方也約定好入住的日期。直到要入住當天，我卻被告知租約被取消了。

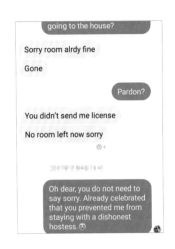

戰鬥 本次無戰鬥。

勝負 小敗。對方沒有損失，是我沒地方睡，倒是我擲出一記回馬槍，瀟灑地結束這回合。

一堵政商的高牆

引線 那天終於得到企盼已久的夢幻櫻桃場職缺，想把握機會，就要盡快報到，於是在離開的3天前通知了目前的房東。但當初搬進來之前，也不知道房東是有意還是無意，我們之間沒有簽訂紙本租賃契約，也沒有討論過退租與返還押金的細節，於是我認真地翻閱當地法規，我的租賃形式只要提前2天通知即可。確認自己沒有違反規定之虞，接著就是等待房東的退款，結果等到的卻是這樣的回應：他要吞了我一星期的押金。

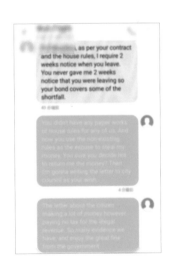

戰鬥 我向房東表示若不退還押金，那我將以：
① 他以現金收租作為逃漏稅的手段。
② 出租環境缺乏消防設備危害住客安全。

此二事由，分別對財稅及消防監督機關提出檢舉。

大敗。寄去財稅機關的信，石沉大海；寄去消防機關的信，過了半年後等到了回信，得到的回答長這樣：「我們有打電話給屋主，他說會改善。」那時，我人早已離境且忘得一乾二淨了，但看到這樣的回應我還是想給一記死魚眼。想必這不是房東第一次吞租客的押金；看來他很擅長與政府單位打交道，無奈吾乃一芥貧窮背包客，無以承受曠日費金又費時的官司，只能氣也、棄也。

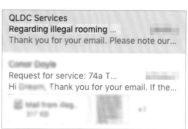

排擠與尊嚴的對決

引線 那時的我在四星級飯店當房務，相較於其他動輒數年資歷的老鳥，儘管我又菜又慢，對乾淨的標準從不馬虎。某天，我被分配到一間剛結束瘋狂派對、滿地酒瓶、碎玻璃、菸蒂、酒漬及各種髒亂的房間，我獨自清了快兩個小時，原本覺得這是自己分內的工作，摸摸鼻子也就算了，卻在隔天早上大家都還在上班時，突然被叫下班，只有我一個人被叫下班。只工作了1小時，很明顯是在懲罰我前一天掃太久。

戰鬥 我跟代理主管解釋，前一天掃得慢確實需要改進，也表示未來如有特殊狀況會學著請求支援，同時也期望未來不會再跟今天一樣，上班不到兩小時就被提前叫回家。誠懇的請求換來的卻是不置可否的回答，這位代理主管言語尖酸刻薄，掛著一副「以後應該都會讓我提早回家」的嘴臉。這讓我有點不服氣，所以向這位代理主管接連請教了一些員工權利與義務問題，一問三不知已經夠失格了，搭配他不屑的態度直叫人青筋全凸。

勝負 **勝**。士可殺不可辱，我自力救濟地請來大主管，坦言自己工作上固然有可以加強的地方，但我無法接受這種會排擠員工的人當主管，語畢帥氣地

提出辭呈。談判結束後，原本被代理主管扣留的薪水順利地拿了回來，原本代理主管不給付的 holiday pay 也拿到了，非常滿意。

口說無憑竟是憑

引線　某天在山間的加油站裡，我被後方的警車閃了兩下，下一秒警察從車上走了下來，緩緩地走向了我，且敲了敲我的車窗說，接獲民眾的線報，指稱我在山中危險駕駛，要開罰單。

戰鬥　身為有一分證據說一分話的台灣人，我詢問警察是否有足以支持這項指控的證據，例如，影像或照片，他回答：「沒有，也不需要。只要有人指控了，我就可以抓你。不爽？跟法官講。」這警察蠻橫得超出我預期。

勝負　大敗。以我不服輸的個性，根本不可能也沒必要吃這種悶虧，可惜這賽局我一開始就註定要吞敗，因為這警察早在查看我簽證的當下，就知道我兩天後簽證就結束了，一個就要回國的背包客根本沒有能力應付往後曠日費時的訴訟程序。最後，我只能咬牙切齒、眼布血絲地看著他寫下漫天開價的罰單，嚥下背包客的無奈。

備案總是比較管用

引線 這是一場無聲的冷戰,對手是沒效率的官僚體系。那時有幸抽中加拿大的打工度假簽證,但辦理簽證必須檢附很多資料,其中最麻煩的非良民證莫屬,除了本國籍的良民證外,也要提供那些曾住滿一年以上的國家所核發的良民證,紐打資歷超過一年的我,勢必得向紐西蘭警察機關申請良民證,然而加打中籤後的資料繳交期限,只有短短不到一個月,眼下時間已所剩不多,必須加快腳步。

戰鬥 向紐西蘭警察機關提出申請後過了一段時間,卻渺無音訊,不論是寫信或打電話,都只得到「請耐心等候」的機械式回覆。後來簽證結束回台灣後,仍然持續著每週寄出詢問信的節奏,同樣毫無進展。

早早就做好心理準備的我,在等待的同時也製作了備援方案,那是一份圖文並茂、字數滿滿、頁數長長的解釋報告,期望能夠透過這份充滿誠意的報告,讓加拿大移民局理解我確實付出了最大的努力,並體諒我的無能為力與無奈。

勝負 **無關勝負**。缺乏效率的行政系統,既不能打也不能罵,只能像小媳婦般安分地等待,可說是我的天敵,幸好那封詳盡的解釋報告感動了加拿大移民局,他們非常爽快地將簽證發給我了,也就不枉費我那些筆墨。兩個月後,信箱悄悄地來了封郵件,是那姍姍來遲的紐西蘭良民證,這畫面大概就像某個人趕著倒垃圾,下樓後垃圾車卻早已走遠。

被綁票的機票

引線 某次,我分段購買自紐西蘭飛回台灣、途經澳洲轉機、轉機前後分別由AB兩家不同航空公司執飛的機票。抵達基督城機場欲辦理登機手續時,A航空公司拒絕讓我登機,理由是我未持有過境澳洲的有效簽證。

經過一番討論後,A航空公司的地勤人員建議我先改飛到奧克蘭,再購買

一張 B 航空公司由奧克蘭飛往澳洲的機票，如此，由紐西蘭飛回台灣雖然仍須在澳洲轉機，但至少這兩段航班都是由 B 航空公司執飛，這樣做就可以解決澳洲簽證問題了。

涉世未深又經驗不足的我，覺得這是來自地勤人員的專業建議，於是不疑有他地相信了，當下不只買了 A 航空公司飛往奧克蘭的機票約台幣五千元，同時也上網買了 B 航空公司由奧克蘭飛往澳洲的機票約台幣一萬五千元。

好不容易拖著沉重的行李來到奧克蘭機場，以為自己快要「如釋重負」時，下一秒，B 航空公司竟拒絕讓我登機，而飛機將在 10 分鐘後起飛。

面對傻眼的我，B 航空公司只是不斷強調「沒有澳洲簽證，就是不能在澳洲落地轉機。」人在機場、沒有工作、沒有住宿、身上的錢全花在這堆沒用的機票上、此刻已買不起一張隔天飛回台灣的機票，總之毫無退路的我，只能接受坐地起價的敲竹槓，花了將近台幣一萬元，他們才終於滿意地將我的轉機名目由落地調整為過境，而這將近 20 個鐘頭的航程，原本有購買的付費餐點也憑空消失，一路上聞著別人食物的香味，只能寫一個慘字。

戰鬥　這趟只是想回台灣的路，總成本卻來到將近台幣三萬元，明明是單程。整段航程 20 小時的飢寒交迫堪比被刑求，後來在馬來西亞等待時，我去服務櫃檯興師問罪，客服人員態度很好地讓我知道那是奧克蘭地勤人員的作業疏失，於是我將這些種種全寫進一封萬言客訴信。

勝負　**大敗**。這封信得到一個絕不認錯的回應，也因為是廉價航空，更沒有任何補償甚至一句道歉。雖然我也不是沒想過把這件事鬧大，但回頭想想，大概又是一場時間的浪費。

誘騙民眾購買沒有用的機票、收取昂貴卻不合理的服務費，這些破事通常也只會發生在廉價航空，如果不想認栽，就只能想辦法長腦袋了。

專治已讀不回

引線   適值報稅期間，在向各個前東家索取薪資單時，唯獨缺了一張薪資單，那是一份極光導遊的工作、一個排外的日本主管，我已離職半年卻遲遲沒有寄薪資單給我，於是我寫信客氣地詢問是否能將這張薪資單寄還給我，卻直接被無視，這蓄意閃避的意圖非常明顯。

戰鬥   只好動筆寫封信恐嚇一下，順便打通電話去公司問候，善意地提醒她再不處理的話，我只好去告發他們潛在申報不實的三兩事。

勝負   樂勝。掛完電話薪資單也躺在信箱裡了。

嚇自己的原來是自己

引線   這是一場我與心魔的戰爭。又到了令人興奮的冬季，大家擠破頭都想進滑雪場工作，競爭激烈的程度遠高於其他冬季工作。履歷不是特別搶眼的我，有幸獲得好幾個面試邀約，當中有兩個滑雪場，甚至體諒我人在遙遠的其他省分，特別通融讓我採用電話面試，只不過，比起緊迫逼人的現場面試、稍有距離感的視訊面試，沒有臨場感、看不到嘴形與肢體語言的電話面試，卻是最令我害怕的，感覺每說一個字，都如履薄冰。

戰鬥   人家都願意給機會了，當然硬著頭皮也要上，赤手空拳也得戰。

勝負   **意外地佳評如潮。**深怕自己說錯話，或語意不通而讓電話另一頭的人丈二金剛摸不著頭緒，每一通電話我都戰戰兢兢仔細聽、好好說，接連完成了好幾場電話面試，每一場都與主管談至少半小時以上。或許主管們特意為了我放慢語速，又或許他們選用了簡單易懂的詞彙讓我聽得懂，整體來說我能夠掌握八成的對談內容，其中還有一位主管希望我提早去報到，表示有我在的團隊已讓人迫不及待，聽得我是又驚又喜，整個人要飛起來了，誰快來抓住我。

跑在龍捲風之前

引線 任何人在加拿大打工度假期間，若曾申請低收入戶補助，離開加拿大時必須主動告知終止補助一事，若繼續讓政府發放，不論是否領到款項，日後都會被要求全數退回。那天，人在澳洲的我想起了這件事，趕緊撥出手上的電話，聽筒裡是悠悠的等待鋼琴樂，我的心頭卻焦慮地奏著交響樂。

戰鬥 由於好幾通電話都空等了半個小時以上，耐不住性子的我拿起了紙筆，親手寫了一封看起來像極了借據的傳真，可惜這封傳真似乎無人理會，到頭來還是得打電話繼續等待……每通撥出去的電話要嘛難以接通；要嘛接通沒多久卻突然斷線；要嘛好不容易接通了，卻是個搞不清楚狀況的菜鳥辦事員，內心的希望慢慢從火炬變成灰燼。

勝負 **達陣。**或許那封無人理會的傳真，後來被撿了起來而重見天日，我的補助不知道什麼時候被取消了，我這才終於放下了心中的大石頭，否則真又收到補助的話，後續繁雜的聯繫與退還程序，光想像就知道會是一場龍捲風般的可怕戰役。

被刑求的口譯員

引線 對台灣人而言，想在其他國家合法開車，必須準備國際駕照或符合該國規定的翻譯本。在澳洲，滿25歲且持照3年以上的台灣駕照免試可直接換發澳洲當地駕照，相當便利。那天，我興高采烈帶著台灣駕照去監理站，不知道是鄉下監理站的職員經驗不足，還是職員趕著吃午餐注意力不集中，身為台灣人的我竟被要求參加筆試。有點納悶的我還來不及思考，就隨便地裸考了，然後不意外地失敗了，承辦人員叫我幾天後再上線重考。兩天

後，認真背了題庫的我胸有成竹地開了電腦，但怎麼樣都無法登入考試頁面，我再次拿起了話筒，一陣溝通後我聽到了這樣的關鍵句：「台灣是中國的一部分，中國要考筆試，台灣當然也要。」

戰鬥

「轟！」地一聲，我的台灣魂一秒被點燃，原本雅思可能只有 3 分的程度，瞬間飆升到 9 分的神之境界，我認真地為電話另一頭的澳洲人上了一堂國際關係課，刷新她的三觀。

講到欲罷不能的我，想起澳洲政府有個貼心的免費服務，叫作「即時電話翻譯服務」。任何時候與政府機關有語言上的溝通障礙時，都可以加入同步口譯的第三方繼續進行通話，讓不會說英文的人也能陳述自己的疑難雜症。對我來說，外國人對台灣有誤解就是要及時搶救的急症，為了確保我正確地對症下藥，我用這個口譯服務對著電話另一頭的澳洲人，又話療了一番。

勝負

收割了空前絕後的大勝利。接起電話幫忙翻譯的人，竟是來自對岸的朋友，更令我喜出望外的，是澳洲人茅塞頓開後做出的小結論：「原來，台灣與中國是不一樣的，我為自己的誤會深感抱歉。中國人換照需要筆試，台灣人的話，可以免試換發喔。」醉翁之意不在酒，考試與否已不是我關注的重點，只要她能好好地認識台灣，也就不枉費我的一番苦心。另一方面，身為口譯員對岸的朋友，由於逐字翻譯是他的職責，即便這些內容讓他想問候我列祖列宗，卻也得好聲好氣地翻好翻滿，只能在過程中夾雜著無奈與嘆息。這麼言不由衷的他，肯定覺得自己根本被刑求，所以我也不忘在心滿意足後，體貼地向他說聲：「我知道唷，謝謝你」。

被消失的真相

引線

為了吸引更多的消費者，服務業三不五時會推出五花八門的行銷活動，就連銀行也不例外。那時已待在加拿大好一陣子的我，聽說某知名銀行推出一項行銷活動，舉凡在限定期間內完成指定任務三選二，即可獲得加幣

500元的現金回饋。聽聞後我就衝去臨櫃開戶，也迅速地完成指定任務，原以為三個月後我就能坐享其成了，沒想到卻坐付六個月的帳管費後，毫無進帳。

戰鬥 起初想說一定是銀行太忙了而漏了我的件，所以很客氣地打給客服，但講了一個小時後得到這樣的結論：「妳確實是開戶也完成了指定條件，但妳的帳戶顯示未參加任何活動，可能要請妳詢問當初的承辦人員。」

如同在玩大地遊戲般，接收這項指令的我，掛了電話後立刻撥給原開戶分行，除了這半小時的電話溝通外，也往來了好幾天的信件，同時我也就這些狀況擬了一封囉哩叭嗦的客訴信，盼著哪怕是一點的回音都好。

勝負 **慘遭滑鐵盧。**中間煩悶的等待與冗長的解謎過程就不再贅述，總之最後的真相如下：整起事件是一樁由銀行主演，上下交相賊的巨大騙局，目的是為了衝高開戶量。首先，他們做了一個活動網頁，誘使人們去開戶後再將網頁移除，接著謊稱：「這是特殊的邀請活動，只有收到電子郵件的人有資格獲得現金回饋。」而這段話在當初的活動網頁上是隻字未提，負責辦理開戶的行員似乎也受過教育訓練，用各種技巧迴避這個問題。很顯然地，這一切是銀行早在一開始就設下的圈套，自投羅網的人即便講了再多的電話，寫了再多的信件，也注定要鎩羽而歸。如果能夠及早發現銀行的陰謀並備份活動網頁，肯定能讓政府單位關注這件事。雖然被擺了一道，但至少這段時間的帳管費我有追回來，這才稍稍緩解了盛怒與不甘心。

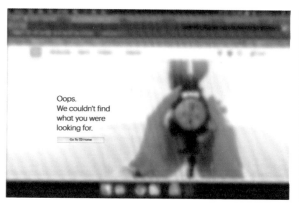

不能被當的期末考

引線 ┊ 適值三十大關，人生的節奏突然變得豐富而緊湊，抵達澳洲後，距離二簽申請期限只剩不到三個月，眼下才正要開始收集88個工作日，顯然是不可能的任務。

戰鬥 ┊ 為了盡可能收集更多工作日，即使遇到感冒、胃痛等身體不舒服的狀況，也都硬撐著不願請假回家。心知肚明自己不可能集滿二簽要求的工作日數，因此努力地想著有沒有任何備審資料是我能附上的。厚著臉皮照三餐跑當時在職的豬肉廠辦公室，只求人資幫我寫推薦信，人資每見我一次，講話的語速就調升一倍，始終不願意代表公司執筆寫這封信，所以我只好更「盧」了，不惜使用野原新之助的淚眼汪汪攻勢，終於在第四次進辦公室時，取得了一封看起來不太像推薦信的……信。除了跑辦公室要推薦信，我也寫了一封根本是研究報告等級、圖文並茂的落落長解釋信，自從畢業後，幾乎沒寫過萬言書了，澳洲人看了還問說：「這真的是妳自己寫的嗎？妳確定沒有用翻譯？這寫得真的很好。」再誇下去我都要飛上天了。將近50頁的內容，不怕簽證官嫌多，就怕他懶得看。

勝負 ┊ 苦守寒窯一個月，終於喚來二簽君。如高齡產婦喜獲兒，我愛澳洲移民局！

擱筆做小結

「如果遇到困難就放棄，就真的和好運無緣了；再努力嘗試一下，結果也許就能不一樣。」這是經歷了這些故事後，淬煉出的小小心得。只是在吵完架、寫完信、腎上腺素急降之後，我的菜英文終究是原形畢露，哀傷。

一個女孩料敵＝一門成長的武術格鬥

解決問題如同克服挑戰，困難點在於能否堅持到底，過程中難免有疲累的時刻，若能堅持挺進，就能離成功愈來愈近，並且盡了全力，夜深人靜時也就問心無愧。

你一定會成功的，因為大部分的人都很懶。（You will succeed because most people are lazy.）── Shahir Zag

這句幽默又富含正能量的句子，說明著其他人的威脅其實微不足道，決定成功與否的關鍵，是自己。遙想我們還是小小幼兒、搖搖晃晃地學步時，常常一個不小心碰到障礙物就跌倒。那時我們初探世界，周遭的一切盡是未知，跌倒時只會有「嗚嗚好痛」、「疑，怎麼跌倒了？」這些最原始又直接的反應。接著，身旁的大人可能會指著障礙物說：「椅子壞壞」，輕輕拍打障礙物並順勢挪開，於是我們便有了新發現：「哦～原來是椅子的錯。」之後再被椅子絆倒了幾十次，責怪了椅子幾百回後，我們才慢慢學會，「看著前面慢慢走，就不會碰到椅子了。」、「腳腳不去碰椅子，就不會痛了。」而觀察生活周遭，很多人會抱怨問題，卻少有人試著解決；有些人老愛責怪人；有的人時刻內自省。就算長大了，還是很多人還是喜歡怪「椅子壞壞」。

心態上的改變是漸進的成長過程，「椅子壞壞」是血氣方剛的向外指責期，千錯萬錯都是別人的錯；「走路看路」是成熟內斂的向內探索期，將力氣擺在自己能做的事情上，而兩者間蛻變的關鍵為「是否『覺察』自己能為解決問題負起責任」。雖然向外指責很輕鬆，省去思考的時間與力氣，卻免不了繼續撞椅子的命運；蹲下身來觀察腳腳與椅子，雖然麻煩，卻可以在未來少挨一點痛。

不執著於對錯，更能專注地解決問題。（When no one is either right or wrong, it's easier to focus on the solution.）——Gustavo Razzetti

調整了內在心態後，就能開始著手處理外部互動。正所謂一個巴掌拍不響，掌心間摩擦的，是個體間相斥的目標，也是問題之所在。倘若認定解決問題是對方的責任，無異於將問題的主導權拱手讓人，自己淪為待宰羔羊。若能從頭梳理整件事的脈絡，並歸納雙方的優勢與劣勢，就可以在最佳時機點出擊，將局面轉為對自己有幫助的方向。

只有一條規則：不做獵人，便為獵物。（There is but one rule: hunt or be hunted.）——弗蘭西斯·安德伍德《紙牌屋》

最後，能否順利解決問題，就要看掌與掌之間如何過招了，聽起來像極了武術格鬥。 需要強大力量的相撲、兇悍血腥的泰拳、搶在對手進攻前就阻止的截拳道，這些都不適合一芥在異鄉獨自漂泊、不能留下犯罪記錄、常常遇到奇人異事的女子，看來最適合的，非詠春拳莫屬。

雙方以和諧及相反的動作滾動他們的手，永遠保持柔軟，但不是柔軟如棉，應保持衝勁和堅定，但不是僵硬拼勁……確切地把握住對手的每一空隙。——李運《圖解詠春拳》

以柔制剛的詠春拳，透過借力與卸力，達到以小敵大、以弱勝強的效果。比起以力量作為先決條件的攻擊型武術，被動禦敵而後發動攻擊的詠春拳非常適合小女子，實際應用便是在任何環境都先保持冷靜，看破對手的防線後，再沉著料敵。雖然問題不會變得比較簡單，這樣的心法卻足以支撐著自己堅持一段更長的時間，爭取在腎上腺素燃燒殆盡之前，摘下成功的果實。

言出我必「悻」的同居暖男

讓人氣到吐血卻又暖得回血的偽新婚生活。

　　腎上腺素總能激發我的寫作魂，本篇與我激盪生活火花的少年來自台灣，以下稱呼為阿賈。在紐西蘭滑雪場打工期間，因為我的隨意牽線，意外與這位素未謀面的少年，開始為期三個月的雪地同居生活。我們一起上班、共享房間，也共用食材，生活緊密度相當高，就像臉紅心跳的新婚生活……才怪，那是言情小說的情節。如果惡靈古堡的 Alice 是終極生化人，那我大概就是心臟快爆裂的終極白眼人，三篇故事加上一則番外篇，一起來細細感受我的心境三溫暖。

 ## 蛋幾咧

　　「要記得加蛋喔。」今天不是輪到我煮飯，看著電視的我不忘向廚房溫馨喊話。

　　三分鐘後，「我剛轉錯瓦斯爐了（註：轉到隔壁爐），現在才正要沸騰。」阿賈慢悠悠地說著。與此同時，蛋花成了蛋糊，煮也煮了責怪於事無補。

　　「（沉默3秒）沒關係啦，看起來也是很好吃呀。」我反過頭安慰阿賈。

　　端上桌準備開動時，室友K經過。

　　「這是什麼？怎麼會長這樣？」室友K嘴角很彎，好奇地問。

　　「都是因為她（指向我）說要加蛋啦，才會變成這樣。」阿賈好委屈。

　　生米煮成爛粥，鄰居還來不及控訴縱火未遂，卻被抱怨沒提醒關火？鄰居大概想笑笑比中指。

　　「沒發現轉錯瓦斯爐，是滿天才的。」我語帶憐憫，室友K笑到歪腰。

 ## 好雞凍

　　為延長食材的新鮮度並兼顧備料的方便性，阿賈建議將食材分裝，每次只拿一袋出來解凍，沒解凍的自然能保持鮮度，手邊忙著整理其他食材的我，請阿賈將剛購入的雞翅先行分裝再放入冷凍。幾天後我準備煮晚餐時，「分裝的雞翅呢？」我邊找邊問。

「都在這一袋啊。」阿賈拉出一大袋肉。

所有的雞翅從塑膠盤一起進了保鮮袋，團結地換了一個家，難分難捨。

「不是說好要分裝嗎……」我差點拿雞翅來行刺。

「沒差啦。」阿賈慢悠悠地說。

「這很好分開的，妳自己看。」發現我目光如兇器，他連忙補了這句。但在他費盡力氣後，感情濃烈的雞翅們仍緊緊相依。

「沒關係啦～我就全部都煮下去吧，ok的。」我無奈又樂觀地說著。

結果，煮了一週都吃不完的滷味。

幾天後，室友K買了一大堆肉回家，認真秤著重，再分裝入袋，不只是抽掉塑膠底盤倒入袋。

「你看，這才叫做分裝嘛。」我忍住大笑的衝動，語重心長地說著。

「下次妳自己裝。」阿賈回得面無表情。

這人很奇怪耶，我忙著整理食材，萬一又把你的工作攬來做，就無法展現你的價值，原先想說分裝很簡單，應該可以放心交給你……我錯了。

 ## 凍咩條

耐冷的我，即便被冷醒也能很快再入睡。身處海拔超過800公尺、每晚平均零度以下的國家公園，暖爐的重要性如同沙漠中的滴水，我是個懶惰又健忘的人，不太會生火又耐冷，這樣的我，偶爾還是會幫忙添添柴火，將溫暖室友視為每日善舉，但在某天。

「今天早上房子超冷，昨晚誰去睡沒加柴火？」室友K想找出兇手。

「我昨天早早就去睡了，她比我晚睡，問她。」阿賈指向我。阿賈你該吃銀杏，昨晚我們前後腳進房間。

「昨天我最晚睡啦。」室友I默默出聲，這可憐的孩子工作了15個鐘頭才回家。

　　日常生活中的煩躁，頻頻發生，一晚可以惹毛我數次的人，寥若晨星。惟世界之大，無奇不有，面對問題的態度也有千百種，責任老愛別人扛的阿賈，難得也有男子漢氣概的時候。

 ## 醉後大丈夫

　　雪季尾聲，老闆為員工們舉辦大大小小的派對，不喝酒的人小喝、愛喝的人狂喝，我則是一個太開心小喝變狂喝，一個不小心混了六種酒。漸漸地，發酵的酒精扭曲了原先清晰的思路，雖然還能清楚地感知周遭環境，雙腳卻再沒站穩的力氣，就在要癱軟跪地時，一雙偌大的手將我攙扶了起來，我感覺自己認識眼前這個模糊的人。

　　下一秒，我在這個人溫暖的背上。

　　「沒關係啦，我可以自己走。」我擠出剩餘的力氣說話。

　　「妳這個樣子，大概走沒幾步就倒在外面了。」這人說。

「真的沒關係啦……」我有氣無力地掙扎著。

　無視我的醉言醺語與綿弱抵抗，這個背著我的人其實自己都走不穩了，卻仍執意背我。在搖搖晃晃的步伐中，三番兩次差點掉下來的我，都被穩穩接住。然後，到家了，我被放到熟悉的床上，噁心難耐的嘔吐感卻逼得我坐臥都不是，我努力起身去催吐，卻因雙腿發軟而跌坐床上。

　「先用這個接吧，滿了再幫妳拿去倒。」這人說。

　是一個小盆子。不知經過幾回的催吐與臥躺後，我的意識愈來愈模糊，只記得這個拿盆子給我的人爬回了上鋪。隔天帶著宿醉感清醒後，我看著一團混亂的環境，昨天把我背回來的那個人，正沉沉地在上鋪睡著。

　春風輕撫大地，雪水涓涓細流，雪季結束，迎來與夥伴道別的時刻。每個人都有各自的計畫，阿賈比我早一兩天離開，在他啟程當天，被窩困住了我，而沒能起身送別，起床後看著空蕩的上鋪，還覺得有點寂寞。走出房門，餐桌上擺著一份早餐，查看訊息，是阿賈煮的。雖然總是嫌棄你，但當初把你撿來當室友真是太好了。

一個女孩白眼＝一杯現泡回甘

嚐曰：「好茶不怕細品，好事不怕細論。」茶葉根據栽培方法、發酵時間，以及製造程序等因素，衍伸出各種茶葉的種類，有的甘滑鮮爽、有的香氣濃郁、有的淡雅清純、有的苦中帶澀，彷彿你我周遭形形色色的人群縮影。以適當的方式沏特定的茶，才能讓茶葉舒展後散發出撲鼻的清香，好似人與人之間的相處，因著不同人的個性調整與之合適的距離與分寸，讓雙方的關係能暖心又宜人。

與阿賈的相處，像極了啜一盞普洱茶。相較於其他清香不澀的茶，普洱茶入口雖極為苦澀，但苦澀感會在茶湯入喉後慢慢退去，隨著唾液分泌，喉間會溢出甘甜的味道，即所謂的回甘。

第一口，是苦的，即便發現與這個人個性完全不合卻要當三個月的室友，暗自叫苦連天。第二口，是澀的，即使想將令我翻白眼的話都一一吐槽回去，卻知道是白費力氣而放棄，心底鬱悶語澀。第三口，是甜的，即是當我狼狽不堪時，在一旁細心地照料著我，在我心裡注入一股暖流。缺少任何一種味道，就不會是完美的普洱茶；多了阿賈與那些小苦澀，才是那回甘的暖心雪季。

佛系旅伴、佛地魔旅程、佛手柑夥伴

月有陰晴圓缺，人有陰晴不定，團旅的保健之道。

　　有人說，旅行是從離開舒適圈那刻開始；也有人說，旅行讓我們花了錢卻更富有；更有人說，旅行是對庸常生活的一次越獄。那麼，一趟花了大把銀子鍛鍊心智的旅行，絕對是枯燥生活中的一次華麗大越獄。

 準備出發

　　那時已連續工作超過三個月，於是規劃一場犒賞自己的小旅行。本打算獨自出發，分享計畫後，同事們紛紛感興趣，於是從一人輕旅搖身一變為多人團旅。成員的來來去去讓計畫的開端有些磕磕碰碰，所幸一個多月後塵埃落定，終於能開始計畫。

旅行需事先規劃的事項包括但不限於以下：

預　算　　旅行時間內，預計產生的開銷。

目的地　　景點清單。

交　通　　移動方式。

住　宿　　棲身之處。

行　程　　住宿、交通與目的地之間的連結與安排。

打　包　　旅行所需的文件及日常用品。

　　自己旅行和結伴同行，準備方式截然不同。**前者可以隨興規劃說改就改，後者最好經過全體討論後再行安排**，而討論的程度將深深影響準備的充足度，和旅行途中的驚嚇度。

　　關於這次的旅行，預算草草定調為不奢華的省錢路線，景點出發前沒人在意，但交通和住宿隨著日子接近水漲船高，為避免花不必要的冤枉錢，緊急討論後速速預訂，打包自己來，出包扛起來。

　　旅伴一男一女，是天真浪漫的格格與恪盡職守的家臣，時間滴答滴答地推進，日子無聲無息地到來，一場「嗑苦鳴辛」的旅行，拉開腥風血雨的序幕。

📷 貴人忘事

　　為期兩週的旅行需自備盥洗用品。第一晚準備洗澡,格格與家臣都沒帶盥洗用品,我沒多帶卻也不捨夥伴,所以後來的 14 天內我頭毛常常「掩不油衷」……欸不對,半小時前超市貨架上就有啊。

📷 好苦行僧

　　出發當天,等待許久卻遲遲不見預定巴士,拿出車票才驚覺訂錯日期。眾人焦慮「怎麼辦?外面沒計程車怎麼去機場?會不會趕不上飛機?」時,我呼叫的計程車已在路上。接下來不知所措的情況還有「要去哪玩?」、「接駁車走了,怎麼辦?」、「火車跑了,怎麼辦?」、「來不及報到,怎麼辦?」、「迷路找不到景點,怎麼辦?」、「車子被拖走了,怎麼辦?」人在魁北克,英文不通孤立無援,幸好比手畫腳問路竟然還是找到車了,否則租來沒得還,打工仔要嘛去要飯,要嘛吃牢飯。

我的苦行僧之路由飛機落地開始。我們租了一台車，我與家臣登記為共同駕駛人，近半個月的路途忙著開車、忙著指路，眼皮不敢闔，哈欠偶爾打，地圖在跑、流量在燒，額外加購的1G早已GG，我打電話請旅店慢點別關門，一通通聲聲喚、預付卡儲不斷，一路折騰到癱在床上時，夜已過大半。

之後的幾天，欲哭無淚的苦行僧關卡接踵而至。有一晚，一行人成堆的髒衣等著送洗，才發現洗衣機上了電子鎖無法使用，棘手的臭衣問題讓我眉頭深鎖，這次換家臣聲聲喚、預付卡儲不斷，房東才肯讓洗衣機動起來。另一晚，我們趕搭長途列車，發車在即的偌大車站裡，我向東跑、家臣向西奔，格格指揮塔，一陣兵荒馬亂後終於找到剪票口與消失的月台。再一晚，結束四天三夜火車之旅的寒夜，家臣的阿姨來迎接飢腸轆轆的我們，舉著一大袋沉甸甸的愛心麵包，在無聲的十秒如十年後，我默默將麵包袋接了過來，阿姨熱切問候顯得車內寂靜震耳欲聾，只好燃燒吾聲照車深，車內深深深幾許。

1 四天三夜睡在這列車上；2 360度完美觀景車廂；
3 黃金燒臘；4 驚濤火鍋；5 魔幻燒烤。

滿漢全席

接近用餐時間的對話是這樣的，格格會問：「你們有想吃什麼嗎？我來找。」我一臉窮酸問：「這間是不是有點貴？」兩週後，荷包凹，淚滴拋。

首先是黃金燒臘。正值午餐時間，預定的火車即將發車，內心盤算著先趕路、再拿剛買的麵包果腹，我往前跑，家臣伴格格往後跑，直指燒臘飯。我一陣焦慮恐慌，老闆一手精心擺盤，火車一刻鐘後跑了。NBA球賽票已買已劃位，想趕上就得搭飛機，票價約一張台北到東京來回機票，再加上遲還車的加時費、登機丟掉的儲糧、錯過又不能退錢的上半場球賽——我們吃掉了三台40吋液晶螢幕。

其次是「驚濤」火鍋。眾多美味湯底，格格點湯、家臣點頭，一陣觥籌交錯後，流年不順的家臣還想吃，吃吧、吃吧，空氣吃到飽。這次換家臣燃燒過勞與飢餓，照亮帳單。

最後是魔幻燒烤。遠近馳名的燒烤，遠道而來的格格，外頭漫天大雪，裡頭「漫辛飢待」，一個小時後一屁股坐下，家臣拾起夾子，一排肉前翻後甩，忽然間，家臣的目光越過香味四溢的肉，停在格格的臉龐，降「肉」於格格碗中，淺嚐微笑後，家臣才心滿意足地舉箸，開動。

📷 悠悠憂憂

　　人們隨境心轉，例如，下班趕公車的飛奔疾步，旅行時感受時光流動的輕盈漫步。理想是：飛機與火車在馬拉松終點迎接我；**真實是：胃絞痛在起點糾纏我。**

- 拿著珍奶目送火車駛離的背影，改搭飛機，荷包歸西。
- 拎著燒臘錯過 NBA 上半場球賽，胃暖了，心涼了。
- 吃著拉麵差點吃上逾時停車罰單，悠悠喝著濃郁湯頭，憂憂摸著焦慮心頭。

奔跑吧拉麵。

　　格格安慰家臣：「幸好，錢能解決的問題都不是問題。」也是，緊盯錢袋豈能舒心自在。獨自旅行的成本約一張台北到紐約的單程機票；結伴旅行升級成商務艙來回。前者無拘無束、低成本低風險；後者拓展閱歷、突破極限，不同的選擇都能在生命裡留下同樣深刻的印記。

砍半吧球賽。

📷 轉換場景

　　相較於短途旅行，一趟更長、更蜿蜒的旅程，叫人生，我們在路上時不時變換自己的角色與性格。旅行中十足佛系的格格，平時是佛手柑般的小棉襖，香味清新且能帶來溫和療效的佛手柑，用來形容小棉襖再合適不過了。

常伴左右的小棉襖總是與我有福同享。

▨ 匆忙出門也不忘帶一整罐糖給我，因為幾天前我提到糖用光了。

▨ 一個寒冷的夜裡煮好一大鍋的珍奶，為愛喝飲料的我留了一杯。

▨ 傳訊息給剛要下班的我，跟我說不用準備便當，因為煮了很多義大利麵，也留了一份給我。

▨ 積極包辦遠足的午餐，說要準備涼麵，只因為我曾吃過後讚不絕口。

▨ 無預警塞了洋芋片過來，餵醒我這個餓到快昏倒的司機。

一起共事的小棉襖常常雪中送炭。

▨ 預先加熱我的便當，讓我回辦公室時，就能馬上吃午餐不必排隊等微波。

▨ 教訓口不擇言的新人，替不在場的我捍衛名聲與立場。

▨ 協助我準備工作用具，大家都回家了，仍陪著我整理，再一起下班。

1		
2	3	4

1 小棉襖的愛心便當；2 小棉襖幫我熱便當；3 小棉襖在辦公室等我；4 小棉襖被我惡作劇。

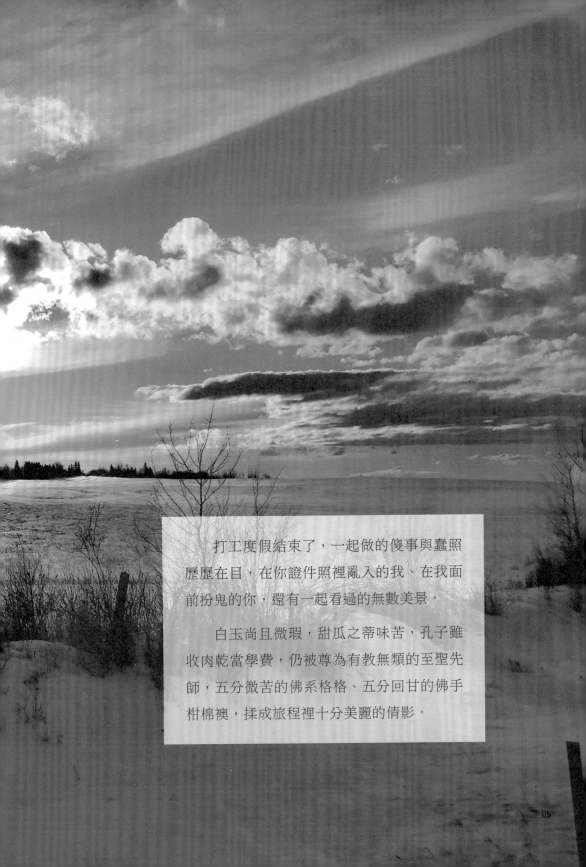

　　打工度假結束了，一起做的傻事與蠢照歷歷在目，在你證件照裡亂入的我、在我面前扮鬼的你，還有一起看過的無數美景。

　　白玉尚且微瑕，甜瓜之蒂味苦，孔子雖收肉乾當學費，仍被尊為有教無類的至聖先師，五分微苦的佛系格格、五分回甘的佛手柑棉襖，揉成旅程裡十分美麗的倩影。

一個女孩苦戰＝一段荊棘天堂路

　　生命，是一段解決問題的旅程，為問題找出解答，期許人生更加圓滿。生活不總是順風順水，也有流年不利的時候，有些事可控、有些無法控，面對不斷變動的外在環境，能做的就是關注自己能控制的事物，放下自己不能改變的事，倘若沒有對自己的處境可控與否沉著判斷，選擇莽撞前進，遇見滑鐵盧的結果也就不意外。叱吒十八、十九世紀歐洲的天才統帥拿破崙，對俄羅斯展開征伐卻以狼狽逃回巴黎告終，成為由盛轉衰的轉捩點，而讓如此意氣風發的拿破崙一敗塗地的，是俄羅斯的寒冬與預料之外的烈焰，這就是不可控的事物。我的旅程裡，旅伴的旅行型態不可控，出發前沒在腦中預習可能的突發狀況，導致胸有成竹的我跌得糊里糊塗。

　　拯救爆炸衣櫃的方法，就是倒出所有東西，再逐一放回。

　　關羽出門買珍奶，回來荊州就不見了；而我出去玩一趟回來，友情差點就破滅了，可見凡事大意不得。一趟旅程有很多決戰時刻，敵人不是別人，正是自己內心的天人交戰，每一刻都要三思而後行。

第一戰：知己

我本就不是個適合團體出遊的隨和人，常自有定見，鎖定目標後會速戰速決。時間有限，良機總在猶豫間錯過，雖也會慢享美食，前提要速決難題。當旅伴無法精準預測我快與慢的節奏，我處在人多嘴雜的伴奏下，勢必日久見「忍辛」。早知如此還要團出，就是明知山有虎，偏向虎山行。

第二戰：知彼

旅伴們的個性我是知道的，卻忽略個性不等同「旅性」。就像魚在水下游可決戰五環，在陸上跳只能撒手人寰；黛玉代木蘭從軍大概要戰死沙場，玉皇不會去搶閻王的工作。棉襖可以禦寒，但運動還是要穿排汗衣；家臣樂於助攻，但不包括女工。大家都很好，是沒想清楚的我不好。

第三戰：審時

進退得宜可避免進退維谷，奧地利心理學家阿德勒說：「人生沒那麼困難，是你讓人生變得複雜了。」就是在說這種情況。飯局可以離席、股東可以退股，與其害怕被討厭，悶成一個陰晴不定的模樣或許更討人厭，選好良辰吉時大膽做出撤退或改變的決定，一切也就簡單了。

第四戰：度勢

為了避免不必要的爭執，意見相左時我會弱化自己的聲音，但這是不健康的作法。阿德勒說：「心態健全的人，不會試圖改變對方，而是改變自己。」情況不順遂，不需要、沒必要、也沒權力去改變其他人，但可以改變自己。離開、留下，各有需要承擔的責任與功課，留下就得留個 flag，畫個彼此的小花園，誰都不會誤踏草皮。

實戰演練：活用孫子

　　接著就是各種實戰了。外在的「變因」不可控，控制自變因子就很重要了。觀察環境，預判行為者的心思與行動，選定採取的對策，就能逢凶化吉，化險

為夷，這套賽局理論有個人很會，名為孫子，他的兵法作戰、旅行兩相宜。

夫眾陷于害，然后能為勝敗。故為兵之事，在于佯順敵之意。──〈孫子兵法・九地篇〉

眼看就要全軍覆沒時，不管是誰都會開始認真打仗，此時只要配合對方的腳步，讓己方陷入被逼上絕境的危機感，就能讓己方發揮本領，打一場逆轉情勢的戰爭──也是我的原先計畫，可我忘了先做這件事：「整合認知」。我的危機，他在吃雞；我要造船渡河，他要拆船生火，什麼是危機、什麼是解方，到頭來莫衷一是。火車跑了趕不上球賽，是我的危機，所以餓著肚子都要衝；麵包吃不飽心情不會好，是旅伴們的危機，要安頓五臟廟再安心上路。球隊上場前的教練喊話，就是要避免各自為政的災難。

敵則能戰之，少則能逃之，不若則能避之。──〈孫子兵法・謀攻篇〉

觀察情況，戰力趨於劣勢就該撤退。在罰單面前，吃拉麵的時間就是我的敵人，我明顯居於下風，是該逃，卻又怕強行打包害旅伴們怒火燎原，優柔寡斷的下場就是在大街上死命狂奔……算了這題囚徒困境，無解。

故善用兵者，避其銳氣，擊其惰歸，此治氣者也。──〈孫子兵法・軍爭篇〉

精神飽滿銳不可擋，彈性疲乏處處鬆懈，出擊應在對方氣弱時。在驚濤火鍋的故事裡，飢餓的家臣氣很虛，劣勢下出擊理當成了烈士。事實上，家臣只要提早發動攻勢，事先調整對方的氣，白話文就是「鎖定格格喜愛的食材」，趁格格不注意把食材偷夾走，「呷咩飽」的格格就會拿起菜單，此時家臣只要眼明手快湊過去，就可以不費吹灰之力地將自己喜歡的食材通通勾起來，這樣不就皆大歡喜了。

由此可見，知己知彼、審時度勢、活用孫子，就能在任何情境下都如魚得水，也不會導致情誼告急，即便進入滿布荊棘的旅程，也能像爬完天堂路那般強壯耐操（並沒有）。

都是風景的一部分

某個傍晚，我慵懶地窩在沙發，看向窗外，朦朧的景緻讓我出神。室友 K 湊近，朝著我凝視的方向望去。

「妳在幹嘛?」他不解地笑著問。

接著走到餐廳，拿了張紙巾，回到窗前輕輕擦去凝結的水珠，眼前的景色突然鮮豔而明亮。平常總是霸占儲藏櫃、塞爆冰箱、占用廚房、狂開音響的他，此刻竟沒那麼討人厭了，甚至還有點善良的味道。

人的好壞很相對，喜歡與討厭常相目隨，原來都是風景裡柔軟的一葉。

模飯生

和各種深諳職場哲學的人共事，可開發無限潛能。

　　裝生米的容器，叫米缸；煮熟飯的電器，叫飯鍋；懂吃飯的專家，叫「模飯生」。打工不只能靠自己增廣見聞，還能被周遭的模飯生刷新三觀。人常云見賢思齊，見不賢內自省，有趣的是：「孰賢孰不賢」？

 ## 滿滿的豬肉拌飯

　　剛進入豬肉廠，自覺是新人的我主動搶站「憤缺」。在所謂憤缺，每30秒內要抓一袋5公斤重的肉，自臀部舉到胸部，由A輸送帶放上B輸送帶，平均每小時要抓600公斤，一天抓舉總重量達4.2公噸，相當於一台貨卡。此

崗位常使人暴怒，無人能久站。一個月後，我一邊流淚看著自己粗壯的二頭肌，一邊回顧模飯生們的智慧。

♦ 招牌飯

　　這位模飯生原先和我一樣戴著見習綠帽，不到一週半突然戴起正式白帽，亦即通過試用期轉為正式員工，升職又調薪。相較多數人換帽需要三到四週的時間，招牌飯當然有過人之處。首先是秒占涼缺。涼缺忙起來揮汗如雨，閒起來讓人無語，不忙的時候招牌飯會低頭思考人生；隔壁的人則是忙到快斷氣。每當主管或老鳥經過，招牌飯會突然「牛仔很忙」，出現十秒鐘後，再消失十分鐘，例如，我就是那個快斷氣的人，在憤缺被不斷送來的肉轟炸，招牌飯會幫忙抓一袋，然後瞬間消失，徒留成山的肉與半殘的我；再來，是精通網內無限通話。招牌飯不太與人交談，喜歡扳著一張討債臉營造神秘感，一旦由網外轉為網內模式，會立刻展現無話不談的表達力與笑容可掬的親和力，網內名單有主管與老鳥。這種人在辦公室文化很常見，如同每間早餐店都會賣的招牌三明治，因此這類人泛稱「招牌飯」。

♦ 控肉飯

某天手邊的工作告個段落，雞婆的我走到憤缺看看是否需要幫忙，在位子上的控肉飯請我過來一下，同事愛滿出來的我二話不說答應了，結果中了移形換位大法，此後七七四十九刻鐘我都在憤缺中度過，重獲自由的控肉飯則像隻開心小蝴蝶，飛來又晃去。雖然在我們的世界中沒有吃人的巨人，但還是要小心吃掉健康的隱形殺手，多多勞動還是有益身體健康的。

♦ 順煎蒸「花」竹筒飯

某次，我在憤缺出了點狀況，為了排除障礙我必須暫離崗位，停不下來的輸送帶勢必要有人填空，天真的我，想著一旁納涼許久的竹筒飯應會自動補位，結果前腳還沒離地，回頭竹筒飯已瞬間蒸發，看來竹筒飯早已用讀心術發現我的意圖，早早算好遁逃的最佳時機。頂天的高度要花十年、遁地的蒸發只需一瞬，好個能屈能伸。

♦ 五花八門的什錦拌飯

不只豬肉廠模飯生雲集，眾多模飯生隱身於世界各地，各個深藏不露。

 奇異果飯

奇異果包裝廠的工作氛圍與豬肉廠相似，差別在於每人、每天選定一個工作崗位後就不能再更換，在主管嚴格巡視下，沒有人敢明目張膽地遊手好閒。每天早上打完卡之後，第一件事就是搶

產線，如果不幸搶到產量爆多的線，那天就會忙到懷疑人生，因為一旁閒著的頭巾伯或紗麗姨不會看到妳在忙，依然會一直頻尿要妳幫忙兼顧產線，去了十幾分鐘還不回來，徒留妳和爆量的工作。自顧不暇還要幫人救火，奇異果飯增強了我的工作「勉毅力」。

雪花飯

　　這位模飯生有出色的「拉低賽」能力，面對主管會技能全開，因此常撿到加班賺大錢的機會。有次下班經過他正在加班的區域，散落的垃圾和滿地的紙屑彷若狂風過境般滿目瘡痍，回想起之前接手他的區域，那洗碗槽看似已荒廢一個月。但即便是客訴等級的工作表現，只要端上雪花飯，主管就能清涼退火、海納百川。

極光飯

　　半夜出團的極光導遊，除了要在車上講解極光知識、尋找觀賞極光的地點外，還要協助拍照、做餐並上餐，而餐點服務的環節最為繁瑣。首先是熬湯，必須自己生火，把桶裝水倒入鍋中煮沸、放入湯料，煮熟後再盛入客人碗中，同時還要快速把其他又髒又黏的鍋子洗乾淨，若被查到未洗乾淨，就要為前一個無良同事背鍋；接著是烤麵包，舉著超過3公斤的鐵網，在火上烘烤著小麵包，要反覆翻面，以確保正反面皆平均受熱，待表面呈金黃色且

微焦後迅速移開火源，對半切開並塗果醬後，再合起來。將這份含有湯品與麵包的餐點，在輕聲寒暄後小心翼翼地端給客人，才完成整套服務。如果跟極光飯一起出團，我可以獨自一人在十分鐘內完成50人份餐點！極光飯則是搭訕妹子，準備航向偉大航道。

飯店自助吧

在飯店當房務時遇見款式眾多的各種模飯生，讓我眼花撩亂有如看到自助吧。每天打卡後第一件事，就是拿起工作板，確認今天跟誰一起工作。跟模飯生一組，好比籤紙上寫著「大凶」，三不五時就會接到主管訓斥的電話，為什麼忘了鋪床？鏡子很髒沒看到？地板垃圾怎麼沒掃？即便是模飯生惹的禍，也只能背起黑鍋。後來升上當檢查員，從一對一惡化成一對多，原本只要幫一個模飯生善後，居然變成要收拾所有模飯生的殘局，打開房門就像進入災難片場，例如，馬桶盡是排遺、邊邊沾滿尿痕、鏡子一片污漬、廚房還有廚餘、火爐灰炭成山、木材還在悶燒、地毯各種動物毛、垃圾桶沒裝袋、被單枕套皺得像馬賽克，這些號稱整理過的房間，幾乎可以砍掉重練。有些檢查員會把模飯生叫回來重做，我則是捲起衣袖自己來，所以常常最後一個回辦公室。

1 2

1 稀有的真‧模範生；
2 覺得自己天天在斬妖除魔。

有人說：「孰能無過，過而能改，善莫大焉。」最可怕的是，模飯生們真的不知道自己有過要改，有趣的是，主管們也默許沒意見，忽然有種「其實自己才是不賢的那一個？」的錯覺。既然山不轉，旅人只得自己轉，旅途上邂逅的模飯生，都是日後談的甘味下酒菜，如同辦公室司空見慣的官場現形記，打工度假某種程度來說，不過是移地繼續修行而已。可以眾人皆醉我獨醒，也可以沆瀣一氣與世沉，只要對自己的選擇不負於心，就好。

一個女孩修行＝一道負能量瀑布

身為正向思考的愛好者，遇事總會習慣要求自己開啟正能量，但遇上爛事卻也免不了負能量的產生。俗話說得好「一粒米養百樣人」，同樣是一口飯，有的全家不夠吃、有的減肥不能吃、有的無憂爽爽吃、有的倒掉不想吃；而沒得吃的人說倒掉的人浪費、倒掉的人回說關你什麼事？「你憑什麼」的念頭總是在覺得委屈時慢慢浮現，想取回正能量，無可避免地要先越過這些負能量雷池。自己暗自火冒三丈，沒人理就算了，看起來還很可憐，也很浪費力氣，倒不如將這些事視為一段橋接的過程（從負能量走到正能量），即便走得慢、走得久，也要努力捱到橋的另一端，這個過程就像是一道負能量瀑布，仔細思考這些負能量的本質，認清自己的目標，試圖從中學到什麼，就能放下這些烏煙瘴氣的大小事，突破瀑布抵達另一端。這修行光聽就覺得很困難，但為了不被負能量牽著鼻子走，就要好好練習。既然好事不常見爛事少不了，山不移，路不易，那就老老實實熬過去吧！認輸不可恥，消極也無妨，反正上緊發條後隨時都能再出發。

「消極，是為了走更長遠的路。」——蔡依林《消極掰》

這位起初26個字母都不會的小妹妹後來還嫁給阿兜仔。

臥虎藏龍與臭魚爛蝦

煮菜難吃?英文很破?身體缺陷?有志者事竟成。

　　如果打工度假是充滿危險的偉大航道,遇上千奇百怪的海王類也就不足為奇。

　　雖然異地生活大不易,但只要有心,人人都可以打工度假。我見過許多了不起的人,他們不依賴任何人,卻能夠逐步實踐艱難的計畫與挑戰;還看過很多人有著比他人更多的阻礙,卻仍能克服困難,完成想做的事情;也看過抱怨自己一事無成,後來還是一塌糊塗的例子。

鼓舞人心、值得學習的案例

♦ 料理苦手

　　這是我的親身經驗。出門在外必備的技能之中，煮飯最為重要，踏出台灣之前，我的下廚經驗值為零，每天午餐是媽媽的愛心便當，方便又不花（自己的）錢，直到下了飛機，整理完行李，肚子餓了才發現……晚餐怎麼辦？沒有便利商店只好自己煮，可是等等，我打從娘胎且長到這麼大，我根本沒煮過飯！從一開始的川燙義大利麵、難吃到想哭的便當、焦黑的雞翅，為了讓料理不苦手，我經歷了找影片和食譜、看朋友煮、自己不斷嘗試的學習過程，雖然後來三不五時還是會弄焦鍋子、讓沸騰的湯汁溢出來，但到最後也成功煮出阿根廷人都想學的咖哩、台灣人都搶著續碗的佛跳牆，還有連澳洲人都驚嘆到突然用中文說「好吃」的肉燥米粉。

　　不會煮飯想直接出發？當然沒問題，但先學點基本概念，真的能少走很多冤枉路，至少不會跟我一樣，被自己難吃到哭。

2	
3	
4	
1	5

1 初期料理：自己哭著喊難吃；

2-5 後期料理：大家笑著說好吃。

◆ 英文苦手

　　不會講英文能不能在國外生存下來？我會用浮誇又肯定的眼神說：「絕對可以！」這個案例的主角是我的好朋友阿慧，最初去澳洲打工度假時連26個英文字母都不會，這樣的她，依然交了許多外國朋友，做了許多工作，其中一份最令我瞠目結舌的工作，是當大學生的家教。雖說教學科目是中文，但英文畢竟是與外國學生溝通的基本橋梁，對一個連26個英文字母都不會的人來說，能勝任這份工作根本是天方夜譚，但她真的做到了。

　　我打從心底敬佩這位小妹妹，即使因為運氣好得到工作機會，英文程度普通的人也得很努力才能讓自己勝任，更何況是英文苦手的她。在一段時間的相處後，我注意到她從來不在意自己的文法對不對、發音有沒有問題、邏輯順不順這些細節，總是與外國人熱情交談。

　　有次站收銀台，客人對著她怒罵：「妳英文太差，我無法跟妳溝通！」後憤而離去，後面的客人上前安慰她，結果她卻回應：「我不在意啊，剛剛還來不及跟他說『最好不要再回來』呢！」這樣出乎意料的樂觀反應，逗得眾人一片歡笑。

　　英文想要進步，就得有阿慧這樣的傻勁與厚皮。沒有雄厚的財力上語言學校，那就逼著自己往外國背包客多的地方求職，不管是農場裡來自各個英語系國家的同事，還是餐廳裡形形色色的當地客，總之能夠開口說英文的機會多的是，看你想正面迎擊還是全面閃躲，都會為你帶來不同的結果。

　　常常看到有人說出國打工後英文變更差，真的很好奇，「英文差」的定義到底是什麼？是生活英文、學術英文、商業英文、還是交友英文？如果生活英文想變好，卻總是在華人圈裡混；如果學術英文想精進，卻不選擇留學遊學或語言學校；如果想為商業英文做準備，卻不爭取辦公室的工作；如果交友英文想變強，卻不跟老外打交道或是裝個交友 app？明明英文比阿慧好，卻拿不出阿慧那樣的拚命和傻勁，也不主動找理想的語言環境，又不願意尋找合適的學習方法的人，或許鎩羽而歸真的是剛好而已，這個例子也讓我看見，若是因自己努力不足，就不要「不能生還牽拖厝邊」，如果不盡人事只等著聽天命，總是妄想心想就會事成，那買樂透中頭彩的人早已滿街跑。

✦ 體質苦手

曾經遇過一位打工度假者，初次見面時讓我有些不知所措，他說話的方式不同於常人。他，是一位聽障人士，平時戴著助聽器才能聽清楚大家說的話，偶爾會有忘了帶助聽器、忘了充電、帶了但沒電等各種突發狀況，這時一般人覺得像呼吸般理所當然的談話，對他而言會變得無比艱難，他只能用雙眼判斷對方的唇形，在腦袋裡小心翼翼地拼湊成完整的句子，然後再想辦法回應，如果句子裡夾雜連音跟俚語，更是增添了解讀的難度。

這樣的他，沒有任何陪伴者同行，隻身一人出國打工度假。或許有人會說他運氣很好，路上遇到很多樂於幫助他的貴人，才讓他走到現在，但看看鏡子裡的我們，試問：誰不曾接受其他人的幫助？自己多少都有需要他人幫助的時候，如果自己所做的努力只因為曾接受過他人的幫助，就被概括成「不過是運氣好」，肯定覺得委屈極了。

人們的幫助固然是重要的墊腳石，但自己的努力也不能少，他克服了先天條件的不足，用行動證明「你們可以，我也可以！」如果一位身心障礙者都有辦法完成打工度假，那擁有健全身體的我們，真的沒有太多藉口。

 ## 消極不可取案例

✦ 伸手款

說起打工度假也有十來年的歷史，很多熱心的前輩分享了自己的心路歷程，甚至還佛心地整理許多實用的資訊，讓後進受惠無窮，而隨著網路科技的發展，取得這些資訊已不再困難，但還是有很多人連非常簡單問題都只想伸手要答案，而不問問全知的 google 大神。

還有一些是生涯規劃的問題，我不是不能理解每個人都有人生中難以抉擇的時候，但與其上網問素未謀面的陌生人，倒不如請教身邊了解自己生長背景、個性處事、強項、劣勢等狀況的親友師長，在深度討論後得到的方向，可能會更具體且有建設性。

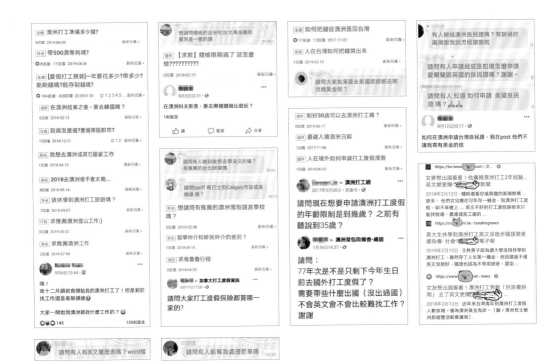

　　但不願自己查找資料，還真的多到震撼我的三觀。話又說回來，如果連沒有情報蒐集能力的伸手牌，以及缺乏思考能力的幼幼牌，都能夠去打工度假，那麼積極上進的你，肯定更不需要擔心了。

◆ 飯桶款

　　積極的工作態度是不分國界、不分產業，且是每個人在職場上應有的基本配備，然而還真有一群人不知道是缺乏社會經驗，還是膽子被生得太大，工作態度糟糕到讓人想舉起折凳。

　　在豬肉廠或滑雪場裡，那些懶散的同事，很多都是當地人，或是以英文為母語的背包客，我並非要戰英語系民族的傲慢，只是想提醒大家一個現實：他們母語是英文，這裡是他們的地盤，身為外勞就乖乖摸摸鼻子吧，當作沒看見，做自己該做的事情。想罵髒話，向著天空便是。

　　相信會有人問：身為外勞的我們，是不是也可以學他們用懶散的工作態

度呢？這讓我想起做房務時，身邊還真有不少這樣的同事，其中就包括了台灣人，同一件事教了10次，第11次還會繼續錯；說馬桶的屎要刷乾淨，偏不刷能拿他怎麼辦；說玻璃沒有擦乾淨，還會回我：「不然妳來擦。」哇，工作我做，薪水你要給我嗎？如同你我在職場上常見的廢柴同事，隔天進辦公室總是納悶著「怎麼你還在……」。

　　書寫消極案例，並不是要鼓勵人們當個飯桶，而是想表達，其實很多職場都有高度包容性，出外真的不怕找不到工作，只看願不願意做。只是要貼心叮嚀一下，容得下飯桶的佛心主管、老闆也不是隨處可見，要是上輩子做太多壞事沒陰德可用，這輩子最好還是老實點。

準備好健全心態，就往前衝

　　出來打工度假，一定是希望在某方面能有成長或有所改變，就算無法成為人中龍鳳，也別淪為臭魚爛蝦。如何避免自己走向拐瓜劣棗之途，得把握兩個重要觀念：

① 世界上沒有任何人有義務提供你無償的幫助。如果得到，要心存感激並設法回饋；如果沒有，那也只是再正常不過的事，本來就該自己想辦法！

② 想怎麼收穫先怎麼栽。老愛抱怨沒有慢跑鞋所以不跑步的人，最適合住在起跑點。

　　所以打工度假從來不存在有沒有能力的問題，關鍵在於是否準備好一副健全的心態。要努力進取成為臥虎藏龍，或同流合汙淪為臭魚爛蝦？一念之間卻是天地之遙。

一個女孩望人群＝一支進退圓舞曲

　　很久很久以前，女性沒有說話權，就連自己的權利也要等別人來救贖，如同早期動畫常見的公主設定，白雪公主要等王子來吻才能醒；灰姑娘要等王子拿鞋來，才能證明自己，若沒有這些橋段，這些無以依附的公主們註定要落魄一輩子。在工業革命後，勞動力的需求促進人力的解放，女性大規模投入職場躍升為有用的生產力，從此改變女性依附男性的宿命，小美人魚為了追求愛情敢於對抗命運；花木蘭更是巾幗不讓鬚眉地拯救家國，公主們紛紛走出他人的保護傘，向外探索自己的可能性，擺脫長久以來依附性人格的窠臼。

踏出你的舒適圈去冒險吧！你會發現一切回報都是值得的。（Venture outside your comfort zone. The rewards are worth it.）——樂佩公主《魔髮奇緣》

　　公主們心理狀態的變化，正是舒適圈理論中提到的，由「舒適圈」向外擴展到「學習圈」的層次。舒適圈裡熟悉的一切雖然令人心安，卻缺乏挑戰，久了易淪為溫水中不知深陷危機的青蛙；進入學習圈後，需要去接觸甚少涉足的領域、挑戰迎面而來的新事物，最終培養出新技能而揮別不自在的感覺。在這過程中，沮喪、壓力等負面情緒都很常見，甚至要習慣事與願違的失落感，而不論成功或失敗，如同樂珮公主所說，「你會發現一切回報都是值得的」。

　　不曾煮飯的我，都能拿起鍋鏟煮出外國人都讚不絕口的料理；沒有助聽器就沒辦法聆聽世界的聽障朋友，都能夠靠自己的力量在異鄉找到合法的工作；26個英文字母與發音都搞不清楚的阿慧，都能當外國人的家教，甚至旅居超過四個英語系國家。有的人則是不跟著別人就找不到工作、遇到小問題就拋出來

等答案、甚至要他認真工作跟叫魚爬樹一樣難。這些案例都是真人真事，都是應證舒適圈理論的最佳教材。

　　旅途中人來人往，看著人們步入學習圈，或退回舒適圈的各種樣貌，包括，往前滑動邁進，或旋轉退回原位，就像是一場盛大的舞會。既是參與者也是旁觀者的我，看得樂此不疲，同時也內省反思，讓他們成為我最大的一面鏡子，讓我活得不負青春、不留遺憾。

一方水土養一方人

土地滋養萬物，作物決定飲食，每個地域
有偏愛的口味喜好，西方人多以麵粉製品為主
食，東方人則是餐餐不離白米飯，這樣的差
異在飲食文化，也在價值判斷。

眼底的美感

二房東：「我同事有個台灣女生，長得非常漂亮，我猜她在台灣的職業
應該是模特兒！」

我：「哇，聽起來很厲害，我也想看看。」

二房東打開了女孩的臉書說：「妳看，是不是超級漂亮。」

我：「啊，我的湯滾了。」

舌尖的味覺

我：「這芒果乾超好吃，妳吃吃看。」

澳洲人：「（吃了一口）……阿，我這樣就好了。」

我：「這是我剛做的布丁喔！」

庭迪面有難色，憋著氣吞下去，下一秒吐了。

我：「你三餐都吃三明治，不會膩嗎?」

二房東：「怎麼會呢?」一臉滿足。

Nelson Lake 湖畔。

一個人的南北島，寧靜而美好

1200公里自駕獨旅，也能從容不懼。

　　一到紐西蘭就馬不停蹄地工作，包了奇異果、掃了滑雪場，在將近半年的忙碌後，終於捱到放鬆的時間，已迫不及待展開旅行。就國土面積而言，紐西蘭雖然不大，從北島開車到南島也得花上好幾天的時間。好不容易買到小車車的我，想快點從北島去到大家都説好美好貴的南島。半年來從沒好好休息，所以這次的旅程一定要好好放鬆、犒賞自己。沒有時間上的限制，沒有旅伴的牽絆，這趟北島往南島的旅程可以去遍所有想去的地方，於是，景點鋪成了一條長長貪食蛇。

　　當看到總車程預計快20個鐘頭，我的頭皮開始發麻，多希望這數字不是真的，在台灣拿到駕照只上過一次路的我，現在身處異鄉竟要一下子開這麼久，教練一定覺得我在開玩笑。不過想一個人玩，本來就要有強烈的決心與覺悟，不管三七二十一「豁出去了！」我輕踩油門，開始旅程。

第一站很特別，在未使用任何空格
或符號的前提下，此地名稱有85個字
母，有全世界最長地名的稱號，涵義為
「大膝蓋的塔瑪提亞（Tamatea），山的
征服者，土地的吞食者，海洋和大地旅
行者，曾在這座山的山頂對他心愛的人
吹響骨笛」，這長到唸完白髮也冒出的
頭銜，和《權力遊戲》裡的龍母有得比。

連開8小時後，在我被無止盡的路
給逼瘋前，在美麗的晚霞中，終於抵達
當天下榻的背包客棧。長這麼大還沒獨
自住過背包客棧，對周遭環境感到無比
好奇。

起床後，前往電影《魔戒》的特效
團隊工作室Weta Studio，這個工作室與
很多劇中取景點皆位於紐西蘭首都威靈
頓。一踏入工作室，巨人和咕嚕立刻熱
情迎賓。

順道拜訪另一頭的議會大廈，廣場上一位長青族正高舉寫著訴求的牌子，實踐身為民主國家公民的基本權利，捍衛自己的政治理念。

造訪小哈比人在巨大樹根下躲避戒靈追殺的場景，我裝得還像嗎？不像的話，一定是樹十幾年前就不見了的錯。遙想腳下站著的土地，過去曾有大陣仗劇組進行拍攝，同地異時的交錯感讓人興奮激昂。

終於到北島最南端，準備連人帶車橫越海峽。所有車子都要駛進渡輪底層，停車層壯觀的車陣，猶如年後開工前一天塞得水洩不通的高速公路。本船次有幸乘上狂風惡浪，上船前供應的嘔吐袋，在一波波驚濤駭浪、一陣陣天翻地覆、再一圈圈天旋地轉後，還沒下船就已全數用光。

捱過噁心、頭暈、狂嘔等各種折磨後，終於站上傳說中的南島。還沒感受南島風情，便已感知心靈衝擊——油價。以91汽油來說，南島每公升硬是比北島貴 1.5 倍，同樣加滿油箱，在北島還可以多買一份麥當勞全餐。

還沒來得及喘息便緊接要開 3 小時的路，疾駛的車速也沒能追上太陽落下的速度，摸黑抵達民宿時已超過十點，屋內沒人、電話無人接聽，在外頭等了一個小時，幸好最後被領進屋內。我終於能好好休息了。

1	
2	
3	4
5	
6	7

1 不論出生，為理念發聲；**2** 假裝躲戒靈；**3** 上船前；
4 下船後；**5** 油價；**6＋7** 被關在民宿外。

　　隔天一掃暈船的疲倦感，精神飽滿地繼續前行。在群山環繞的 Nelson Lake 湖畔，讓我們漂亮的國旗飛一會兒，還有我這一路上最重要的夥伴，來張英姿煥發的藝術照。

　　從白天趕路到天黑，離目的地卻還有好幾個小時，眼皮已愈發沉重，不得不找個地方趕緊歇下。駕車駛入一個人煙稀少的營地，不論是靜無人聲的衛浴或漆黑如淵的夜幕，都靜得讓人想逃回車上，外頭是一刻也不願多待。回到車內抬頭一望，在一片漆黑的夜空中，是美不勝收的閃爍繁星，再次步出車外，慢慢地、靜靜地享受這片只屬於我的夜空，此時，草叢卻冷不防地傳來不明生物的奇怪聲音，為了保命只好躲回車上，睡覺。

　　隔天暖陽親吻，我與大地一起慢慢甦醒。達成第一次在車子裡過夜的成就，如圖所見，我擁有的家當誇張得多，這也是我無法徵召旅伴的原因之一。

　　揮別夜幕，白晝灑落，才發現周圍有不少露營的人。第一次下榻假日營地、第一次看到巨大帳篷的我，如劉姥姥逛大觀園，好生羨慕，可以睡得舒

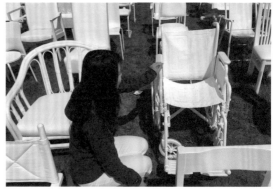

服、吃得盡興、還能避暑乘涼，帶著大帳篷露營絕對是闔家享受野外樂趣的優質選項。

　　離開營地後繼續前行，終於抵達此行目的地：基督城。在矮樹成蔭的河面上，小哥賣力撐著船，人潮稀落的清晨河道中，我在船上悠閒地賞著景，乍暖還寒的初春，向河面拂過一絲涼意，我微微顫抖了一下，果然是個容易讓人大意的季節。

　　走入廣場，擺著一片白如雪的椅子，一開始以為是尋常的裝置藝術，細讀簡介時，卻讓人潸然淚下：2011 年，基督城大地震摧毀許多家庭，許多人與摯愛剎時天人永隔，罹難者家屬捐出一張張家人生前最愛的椅子，從嬰兒

的搖籃到老人的搖椅，都在哀歎生命的無常，將椅子漆白，象徵著為罹難者脫離痛苦的祈禱，願能無痛前往潔白純淨的彼端。

基督城大地震除了震碎無數家庭，也震塌許多重要的建築物。為了在最大限度內維持日常生活的運作，紐西蘭人發揮創意，運用閒置貨櫃在原地組建簡易辦公區域與商場，新奇的創意與鮮豔的配色，讓這些貨櫃成為基督城遠近馳名的新景點。

接著來到此行最重要的一站，拜訪我最敬愛的教授。鮮少做甜點的我，運用背包客棧有限的器材，親手製作水蜜桃凍戚風蛋糕，搭配象徵智慧與吉祥的手作貓頭鷹，以及細細收藏至此的雪山明信片，聊表對教授過去到現在的諄諄教誨和細心指導，以及我最真摯的想念與感謝。

◀由景點構築成長達20個鐘頭的車程。

深夜遇見心理學家

在紐西蘭南島下榻的第一晚，邂逅一位來自德國的女孩，她是心理醫師。與她促膝長談，有種醍醐灌頂的清新感，那些印象深刻的三兩事，每每療癒著情緒低落的時刻。

愛的感覺

愛是一種體內名為 Endorphins 的化學作用所產生的感覺，時間一久，沒感覺也就很正常，而創造共同回憶，或是增加擁抱親吻等肢體接觸，都可以延續化學作用。

不安全感

小寶寶沒有人類的策略行為（Strategy），只有餓了、睏了、需要安全感，才會嚎啕大哭。擁抱是滿足小寶寶安全感的唯一途徑，或許，大人也適用。

111

勿施於人

客觀的認知，不等於主觀的感受，即便人
人有賞，卻不見得人人喜歡這個「賞」。

走出情緒

深度挖掘自身感受的根源、抽絲剝繭找出
理由與原因，是有效轉移並化解負面情緒的
方式。

放縱自我

不必強迫自己正面思考，容許自己有一天
的放縱時間擺爛一切，之後，再
回歸正軌吧。

打開心房

與對方分享自己的想法，更能讓對方
樂於說出他們的想法。

以春光佐遊，充飽電迎接新挑戰

打工度假重點中的重點：度假。

　　與教授道別後，信箱捎來一份面試邀約，於是結束基督城的停留，前往下個目的地。自己行動可以說走就走，還能任性停留，沿途湛藍的天空貼著未融的雪景，猶如仙境人間，壯觀的美景盡收眼底。

　　旅途中順道參觀了農業博覽會，有俗稱草泥馬的羊駝、冠軍雞與各種家禽，還近距離瞻仰了大型農業機具。

　　途經名氣響亮的牧羊人教堂，當然不能錯過，橘橙色溫暖的黃昏和繁星閃爍高掛的夜空都吸引人，絡繹不絕的旅人不分晝夜駐足停留。

　　高速公路上，用眼角餘光感受到波光粼粼的湖面，我鬆開了油門，一幅美到讓人忘記呼吸的畫面隨即映入眼簾，前方還要趕多少路已不重要，此刻的我，只想坐擁這片純淨無暇的水天一色。

這個湖的名氣遠小於鄰居Lake Te Kapo，卻強勢登上我私藏排行榜永遠的第一。

說時遲那時快，進入目的地小鎮的前10公里，我得意忘形的馳騁招來破財之災，這是一個人如果太樂極就要小心生悲的血淋淋教訓。

才剛花錢消災的無殼蝸牛得趕快找個房子避難了，放眼超市的布告欄，盡是開價離譜或是已租出去的房源，我已開始感受到南島生活大不易的震撼教育。

得意忘形的下場。

面試了幾個工作後，心中仍掛念著毫無著落的住宿，但坐著煩惱，問題也不會憑空解決，於是我安排了緊湊的看房行程，積極選找房源，跑了幾天下來要嘛太遠、要嘛太貴、要嘛太奇葩，例如，有個房間，嚴格說起來是在客廳角落用薄簾圍起來的小空間，一週要紐幣 120 元。先不提開放式廚房每天飄來的濃濃印度咖哩味，以及簾外電視的吵雜聲，那簾子透光的程度，換衣時肯定讓人臉紅心跳；還有個便宜但要與印度男子同室的房源，當時毫無選擇被逼到牆角的我差點就要搬進去了。

這山明水秀的小鎮，美得與世無爭，此刻的我卻像翻肚的小強拚命掙扎，我只是想要一個正常的房間，小鎮呀小鎮，能不能行行好？成全卑微打工仔的小小願望。

找不到房間的我，索性找匹好馬，到職前的耍廢空檔騎個馬打發時間，走一趟《魔戒》

各種奇葩的出租房。

裡哈比人的足跡，想著，古人騎馬涉水的心情是不是也這樣愜意又緊張；朝聖了抗乳癌機構所設計的內衣牆；吃了排一個鐘頭才買到的漢堡；當了在空中自在翱翔的飛鷹，翻轉皚皚雪山與碧藍冰川交織成的天際線。玩耍間，幾乎忘了還有等著我回來面對的現實——該工作了。

以及另一個現實——沒地方住。此刻已不是工作不確定所以不敢租房子的問題，而是找到合意的房源，身上卻沒有付得起房租和雙週押金的財力，這是自駕數週長途旅行後，自行負擔高昂的加油費、伙食及遊憩等費用，所

產生的必然結果。所幸在薪水足以支付房租前的過渡期,我還有這台小車車,
雖然結霜的夜晚冷得想喊救命,但短短兩週咬牙也是撐過了,況且早上醒來
就可以腳踩油門出發上班的日子,其實滿方便的。

一個女孩冒險＝一輪韌體更新

蒲公英的小種子乘風而行，順著陽光的軌跡，優雅地降落在陌生新世界，即使環境再艱困，都能打開潔白的小傘，盎然挺立。任性的狂風從不在乎小種子想去哪裡，初生之犢的小種子竟也不畏旅途的迂迴曲折，總能驕傲地再次綻放。就像我感受著旅途的衝擊，享受著再次成長，這些都超出了溫室的想像。

出國前我是生活規律的朝九晚五上班族，工作談不上簡單倒也在掌握之中，直到出國打工度假，一切井然有序的生活重新洗牌。自駕旅行不可預期的所遇所聞，一次又一次地刷新感官與認知，被動的環境刺激，帶來自發的思路激盪，腦袋中長久養成的思考惰性被瘋狂打亂，原先陳舊的腦神經元冒出各種新的枝芽，捱過了這些讓人慌張的疾風後，沒想到自己也能像蒲公英般不疾不徐地降落。不能選擇風向的旅程看似身不由己，然而大腦新長出的神經元，打破思路陳舊的藩籬，不只拓寬了心境，也照亮了未來更多的可能，以及隨時準備好降落後再次扎根茁壯的勇氣。若總是依循習慣的路徑而行，用狹隘的視野慣性思考，便體會不到與蛻變後的自己相遇的喜悅了。這才發現，一段曲折難料的旅程，雖走瘦了雙腿、凌亂了秀髮，我卻在鏡子裡，找回眼神發亮的自己。

井然有序的生活如一碗白飯，無味卻是延續生命之所需；驚喜不斷的旅行如同各式香料，無法單吃卻讓生命餘味無窮。美好的景色可以滌洗身心，克難的經歷更能磨練心智；過程中一次次跨過的挑戰，織成一根根翱翔的羽翼，舊的羽毛脫落，新的羽毛會再長出，帶著我們飛越更多的挑戰，在名為人生的上空劃過一道道絢爛的色彩。

一句正能量

豪雨瘋浪把我困在島上，意外打開回憶的盒子，那是一段不經意鼓舞人心的對話。

聖誕夜，卡蜜拉興奮地告訴大家，上次我教她的咖哩，朋友們吃過都讚不絕口，開心聊著聊著，派對也來到了尾聲。

「聖誕快樂！雖然明天又要上班了……」卡蜜拉覺得歡樂的時光過得太快。

「只要抱著一顆開心的心，上班日也能很快樂。」我順口接話。講完我有點後悔，覺得這句話很難助，不料卡蜜拉整個人死灰復燃，眼神中閃閃發光。

「妳這句話說得太好了，我今後會這麼做的！」可愛的卡蜜拉彎了彎唇角，臉上掛著滿足。

雪山的人生走馬燈

若眼前只剩生以待斃或粉身碎骨兩個選項，怎麼辦？

 ## 纜車上的絕地求生

這天，我撿回一條命。

在紐西蘭滑雪場工作、身為掃地阿姨的我。環境裡的一丁點髒亂，都是我的職責範圍，轄區包括員工休息室、茶水間，以及男女洗手間，他們散落在廣大滑雪場的各個角落。故事發生在滑雪場頂端，全紐西蘭第一高景觀餐廳，海拔高度逾 2,020 公尺的——Knoll Ridge Chalet。

常常埋頭工作的我，常一個不小心就花掉太多時間。事發當天，班表上與我搭檔的同事請假，主管對我的工作能力相當肯定，放心派我獨自上山頂的景觀餐廳執行閉店總清掃任務。一個人在山頂工作非常自由，只要在時間

內完成指定任務即可,掃地的同時還能隔著偌大的落地窗欣賞高手們S彎、俯衝、跳崖等高難度動作,自己也跟著熱血沸騰。看著看著,一不小心竟來到關店的時間,我手邊的工作尚未完成,於是一陣兵荒馬亂地掃阿掃、拖阿拖,刷新手腳並用的最新境界,當我沉浸在工作的心流裡時,忽然,頭頂的燈暗了!一臉茫然地走出廁所後才發現,不只廁所,整間餐廳全是暗的。不久前還人來人往的客人,以及說說笑笑的同事們,全都消失了,再望向深鎖的大門,門外禁止進入的紅龍直挺挺地立著。

現在發生什麼事了?我毫無頭緒,只能確定一件事,「我的心跳愈來愈快。」

忽然腦海裡閃過一個畫面,不久前似乎有個同事跟我說再見,難道……所有人都離開了?該不會這麼衰的,大家忘了還有一個歐巴桑在廁所掃地?而眼前的景象,與推論吻合。

強迫自己面對現實後,我立刻將手邊工作收尾,是的,都這般田地了我還不忘工作。好不容易工作做完了,並扛著兩天份將近60公斤的垃圾準備推門離開時,才想起大門早已深鎖,步履蹣跚抵達後門,卻發現……咦,還是打不開!看來是最後一個同事離開時順手鎖上了,啊啊啊啊!!我的感性已開始瘋狂,但理性拉著我繼續在記憶裡尋找其他出口,天色漸漸昏暗,內心急

速灰暗,一路扛著60公斤的垃圾來到最後的希望,孤注一擲地推開門扉……太好了,看來這扇門被遺忘,而沒被上鎖,終於能逃離這幽暗無人的餐廳了。

可出了門外,卻迎來更大的困境。

暗雲密布的天空竟蓋上一層霧茫,甚至變本加厲地刮起陣陣風雪,望向彼端,纜車貌似停駛多時。不會是要告訴我,今晚準備困在山上?恐懼不斷升高,但理智還在硬撐,我決定往纜車的方向前進,尋找任何一絲獲救的可能。足履一步步地踏,風雪一牆牆地來,強勁的風阻與厚重的深雪讓我抬起腳都困難,平常用點力就上得去的坡,現在卻是爬一步滑兩步,不管如何努力向前,仍被無情地抵銷回原點,過程中,試圖將60公斤的垃圾拋上坡,不但沒成功反倒被拖著向下滑行,強勁的風雪、陡峭的小坡、不願丟的重擔、無限循環的「薛西弗斯[1]」,幾乎快耗盡我所剩不多的體力。

「絕不能死在這裡!」強烈的求生意念,終於將我、還有那袋比我還重的垃圾,推到坡上。在登頂後的強勁雪幕中,我看見纜車站中有個模糊的人影,那是我此刻唯一生存的希望,就算汗流浹背,也要使盡腎上腺素地逆風狂奔,打在臉上的不知是雪或淚。當我氣喘吁吁地抵達纜車站,門內已停止運作的

吊椅旁，是一位正要離開的纜車同事，我驚喜地看著他，他驚恐地看著我。

「妳怎麼還在這裡！」他問。

「因為我工作到沒發現大家都走了……」我回。

「幸好妳出現了，再晚一步我也下去了！」他回。

　這位同事拿起對講機聯繫底端的同事，不久，纜車重新運作，我鬆了一口氣，並坐上吊椅。

但故事卻還沒結束。

　搭乘到一半時，纜車猛然停止，前面、後面，都沒有人，5秒過去了，接著10秒……1分鐘……10分鐘……看不到終點的等待，愈吹愈強勁的風雪，愈來愈糊的視線，愈降愈低的體溫，吸不起來的鼻涕，漸漸無法禦寒的手套、雪靴，各處末梢神經傳來的冰寒刺痛，我感受到自己正在失溫。低頭俯瞰四周並找尋可能的身影，瞥見幾位身穿紅色制服的救護人員，我像是遇難般地瘋狂大喊，想引起任何一個人的注意，可是馳騁在狂風驟雪裡的他們，正在

用盡全力衝回山底，耳邊的風切蓋過來自遙遠纜車的吶喊。從一群人，到稀稀疏疏，直到目送最後一個希望離開，我的吶喊慢慢轉為無聲……

可我真的不想死在山上。

我的焦慮幾度逼著我從椅子上往下跳，但在目測與地面的距離後放棄了這個想法——這裡大概5層樓高，真跳下去我應該會斷腿，不良於行就只能等著風雪交加將我深埋。忽然想起還有打電話求救這招，我拿起手機，結果螢幕是一片漆黑，它耐不住低溫而自動關機了。

天色昏暗，即將入夜。

我再一次地燃起跳下去的衝動，恐懼使我遲遲沒有動作，這般反覆猶豫不知過了多久…… 纜車動了！我慶幸著自己忍住了衝動，冷汗從背部不斷竄流而下。下了纜車準備接續另一條纜車回到山下時，卻發現纜車早已關閉多時，望著看不到盡頭的雪道，忍著凍傷許久的手腳，我下定決心再痛都要撐

著下山，剛踏出沉重步伐沒多久，背後一道刺眼的光線向我照來，是一台鏟雪車。

「要不要順路載妳下去？」是同事。

「好！」我激動。

人生第一次搭鏟雪車，我激動到好想錄影才想到手機根本沒電，我還記得這位同事叫 Aaron，他是我與這袋垃圾的英雄，這救命之恩要我奉心獻肝、做牛做馬都絕無怨言。沒錯，垃圾還在，看著這包，我自己小命都快不保了還不離不棄的 60 公斤垃圾，正常人一定都覺得荒謬至極，全都只因「把垃圾留在山上，隔天肯定會挨罵」這奴到不能再奴的理由。

回到山下，看到人群與貼近地平線的夕陽，頓時發現自己真的在遇難的危機中撿回一條小命，恐懼與如釋重負的複雜情緒一擁而上，我拖著垃圾邊走邊哭，一把鼻涕一把淚停不下來，回家的公車上頭靠著窗，望向窗外雪山環繞的夕景，輕輕呢喃著：「活著真好，有什麼事好不開心的呢？」

山坡上的險象環生

鏡頭換到另一個糗態橫生的場景。

那天我排休，當然是瘋狂滑雪直到滑雪場關門才值回票價。接近傍晚時人們都在收拾雪具準備回家，而我則準備滑最後一趟，此時夕陽絕美，看見別人拍，我也跟著拿起手機，説時遲那時快，放在腳邊的滑雪板失控地啟程、俯衝，因為是下坡，滑雪板衝的速度完全沒在客氣，所幸多數人都已準備回家，這條滑雪板瘋狂衝刺的雪道上沒什麼人，否則重力加速度會直接把人撞進急診室。不知所措之際，兩名本來準備要回家的教練路過，見到我這副可憐的模樣便二話不説地提供協助，一個去找滑雪板，另一個則背我滑下去，不是迪士尼王子抱公主的那種抱，是老背少的那種背，那一瞬間，我完全愛上眼前這個背，但夢幻泡泡沒持續太久，忽然緊急煞車，定睛一看，我的滑雪板躺在遠處。

「妳的滑雪板找到了耶，在那裡！妳自己撿得到嗎？」

「可以，沒問題！」

他們露出牙膏廣告般的燦笑後與我道別，我卻開始後悔：這逼近黃昏的時刻，周圍沒有半個人，我的滑雪板在一條雙黑等級雪道的半山腰上，而我是初學者。在傾盡九牛二虎之力後，我終於從底下爬到滑雪板的高度，像在攀岩一樣不誇張，我在等高的另一端，然而要橫切過去取板子，整段距離只能憋屈地用屁股橫移，因為那是一站起來就足以讓人無止盡向下滾落的斜坡，等我好不容易碰到板子，半個小時也過去了。接著才是重頭戲：

「該怎麼跟板子一起安全下去？」

很顯然地，依我現在的程度滑下去大概是滾成雪球或跌成半殘，因為太苦惱了，我坐著欣賞景色好久、好久……但這樣下去沒完沒了，認真考慮一下後決定先送板子下山。咻的一聲，板子滑到底部，幸好沒滑遠，而我則以非常彆扭的姿勢，用屁股一路跌回本壘，直到取回滑雪板後，才正式脫離困境。看看那夕陽，更貼近地平線了。

這些驚心動魄的故事，以及在變化莫測的雪山中活下去的意志，不僅激勵了加拿大時期的我，取得雪崩救援專業證書，另外也學到幾堂永生難忘的課。

① **熄滅的燈**：這死裡逃生的事件，讓我學會，如果室內燈全暗，就代表真的沒人了！雖然這是常識，工作不要太忘我，奴性不要太重，剛好就好。

② **下班的同事**：當有同事跟你說再見，就該提高警覺注意周遭變化。

③ **停了的纜車**：別得罪任何同事，他可能會是救自己一命的貴人。

④ **下班的工具**：要上山工作，絕對要帶滑雪板，寧可用最拙的落葉飄[2]慢慢下山，或頂多帶著滑雪板一起搭纜車，都比被困在山上更能提高生存機率。

⑤ **漸暗的雪山**：這是最重要的部分，不論滑得多麼意猶未盡，工作多麼堆積如山，看到天色轉為黃昏，就要馬上滑最快的捷徑或搭纜車離開，此刻沒有任何事比安全下山更重要。要知道瞬息萬變的雪山，晚上驟降大雪或驟然雪崩都是未可知的，沒有遮蔽物或保暖設備，大雪來一定被直接活埋，被找到，可能已是春天融雪時。

皚皚的雪山如同一朵帶刺的玫瑰，滑雪賞景有多愜意，潛藏的危險就有多可怕。想安全下莊，必須時刻提高警覺。

註[1] 希臘神話中的角色，他必須將一塊巨石推上山頂，每次到達山頂後巨石又滾回山下，如此永無止境且徒勞無功地重複下去。

註[2] 滑雪的一種招式。

一個女孩落單＝一場絕望拔河

　　自然界的力量遠超過人們的想像，從萬籟俱寂到狂風暴雪有時只在眨眼間，上一秒還談笑風生，下一秒卻可能要死裡逃生，而如何在求生不能、求死不得的進退維谷間尋找一絲存活的可能，是一門必須事前做足功課的議題。

　　差點獨自一人受困雪山的經歷讓我心有餘悸，心中總有「若無法脫困將會面臨什麼樣的困難與危險？」這樣的疑惑，後來在《凍劫 Frozen》中，找到答案。內容大概是講述三個貪玩的好友在纜車工作人員的疏忽下，被困在約五層樓高的半山腰上，而滑雪場的下一個營業日是五天後的週末，於此同時被孤立在嚴寒高空的三人，開始出現凍傷和體溫下降的催命徵兆，再不做選擇就要面臨凍死的厄運。作為一部恐怖片，沒有鬼怪作亂也沒有狂人殺戮，取而代之的是透入肌膚的凜冽與深入脊髓的恐懼，任何一個微不足道的肇因，都可能會引發意外，無法移動的空間、刺骨的酷寒，再加上看不到盡頭的黑夜，任何滑過雪的人看到電影裡每一個煎熬的畫面，都能感受身歷其境的恐懼。

　　面臨這樣叫天天不應、叫地地不靈的絕望，求生的意志總推著人們採取下一步，雖說坐以待斃絕非是好選擇，但用錯方法會使困境雪上加霜、讓事情變得更加糟糕。片中一位角色在夜晚果斷跳了下去，結果腿了斷；另一位角色在白天沿著纜繩攀延到就近的纜柱再順梯而下，結果兩位都成了狼群的大餐。在寒冷的氣候下，人體的骨骼相對脆弱，從高空墜落足以讓人粉身碎骨，而滑雪場通常都設置在遠郊的山區，在營業時間內狐狸、狼群，甚至黑熊等野生動物都有出沒的可能，更遑論營業時間結束後，渺無人煙的滑雪場可說是野生動物

們的夢幻遊樂場，這時溫血人類一出現，就可能淪落為肉食性動物的大餐。

勇氣並非盲目地忽略危險，而是直視並且克服它。（Courage consists, not in blindly overlooking danger, but in seeing and conquering it.）—— Jean Paul Richter

面對危險和困難，小腦袋只有保持清醒和冷靜，才能化險為夷找到一條生路。受困於纜車上而必須脫困時，至少撐到白天視野佳、溫度高的時候，再審慎觀察周圍的地形與是否有野獸出沒，並規劃最快抵達避難點或聯外點的路線，確定安全再下去才能提高存活率，也才不會白白浪費自己孤注一擲的勇氣。

綜觀自身經歷與這部驚悚電影，可以知道在雪山滑雪有一定的安全疑慮與風險，所以須隨時最好準備，以下列出我的經驗分享。

手機

必須隨身攜帶且確保隨時電量充足，因為寒冷的天氣裡電量會耗得特別快。

聲音

滑雪時耳邊的風切聲很大，若再來一些風雪，基於冰雪對聲波具有一定的吸收作用，周圍的人聲、求救聲很容易被弱化。

路線

確保身上備有滑雪場的地圖，且盡量避開人煙稀少的滑雪道，畢竟山中偶爾還是有出來覓食的動物，例如，熊、狼等。

天氣

必須關注氣象預告，因為雪山除了有低溫的挑戰，還有暴風雪的威脅。

裝備

攜帶最低限度的水、乾糧，在緊急情況下能夠維持生命。

　　既然突發狀況難以避免，事先做足準備以降低安全疑慮與風險更顯重要，正所謂「不做死就不會死」，不要自不量力自尋死路，就不會自討苦吃。時時刻刻遵守工作人員的指示，謹記在任何時刻，安全都是第一優先事項，才能開心賞雪、滑雪又安全滿足地下山。

Letters o6

奧客伸展台

在滑雪場當掃地歐巴桑的時光裡，各式各樣的奧客總讓我嘴角失守。

錯覺奧客

「妳在男廁讓我很不舒服！」

我的主管很幽默，總是把男同事放在咖啡廳打遊戲、把我放去男廁打掃。

我也想迴避休，但還來不及出去，休就「尿」不及待了，甚至以為我在看休，但其實我想回休：「嗯，它不吸引人」。

口臭奧客

「妳在男廁聊天很難看。」

總有人一開口就壞了好空氣，找我聊天卻被打斷，人家只好酸了酸你，這下換你很難看。

太鼓奧客

廁所內打掃中的我，一陣瘋狂地敲門聲與連環問句傳入耳畔。

「要上廁所為何不排隊？我怎麼知道妳是不是假裝清潔員？妳不開著門我怎麼知道妳真的在打掃？妳要怎麼倒垃圾？掃完的垃圾妳要拿去哪裡？」

門默默地開了，是滿手拿著打掃工具、緩緩走出來的我。排在你後面的客人看到光亮的廁所後，冷冷地看著你。

火星奧客

「我的位子很擠，旁邊這張桌子就不能借我放安全帽嗎？」

然後，桌上立牌的「Reserved」幫你翻譯一下⋯⋯咦，不對啊，你在跟我講英文！

不合格的游牧者

誰說一定要睡房裡？車裡就是我家。

＊此篇章部分情節遊走於灰色地帶，
作者已跪主機板。

 幸好有朋友的尼莫

　　經歷了跨越紐西蘭南北島的公路之旅後，荷包扁得毫無存在感、乾得堪
比撒哈拉，只剩一台什麼都有的車，跟十幾塊錢的戶頭，看樣子找到下一份
工作前，得再睡車上一陣子了。

　　漫無目的走在小鎮上，熟悉的臉孔原來是老朋友，住在背包客棧的她正
準備做晚餐，來到廚房，瓦斯爐、鍋具、刀具、碗盤、餐具一應俱全，看在
挨餓多時的我眼裡，它們全是發光的「傳說中廚具」。火速採購並簡單料理後，
享用一頓再也不是小黃瓜洋芋片、有熱度有香氣的晚餐，滿足五臟廟後，朋友
拎著蓬頭垢面的我去淋浴間，水花從蓮蓬頭灑出的瞬間是天降甘霖，接上插座

的一刻我的手機狼吞虎嚥，遇到管理員的夜巡是空襲警報，跳上車是避難的唯一方向。

入夜了總要找個地方睡，雖然路邊停車格很多，但隨便停過夜卻可能吃上罰單，只好繼續開慢慢找，來到一個露營區。夜太黑路燈少，我倚著車燈摸黑停靠在一處貌似安全的角落，熄火、降椅背、掀睡袋、鋪枕頭、套厚衣、兩腳跨在油門煞車外側、闔眼，由外頭的星空陪著我緩緩入眠。

還沒熟睡，鬧鐘未響，天亮前我起身轉移陣地，看著只剩一、兩格的油表，盤纏耗盡的我沒有輕舉妄動的本錢，否則汽油耗盡又沒錢加油，我真的就要上街乞討了，於是，我回到距離最近的背包客棧外。用很便宜的價格，就能上網吃到飽的台灣，可說是世外桃源，多數國家對每個封包都錙銖必較，吃到飽方案更是要價不菲，身無分文的我沒錢買行動數據，所幸背包客棧有佛心 WiFi，讓我能白天找工作、晚上被朋友拎去煮飯洗澡，夜深到營地睡覺，同樣的路徑日復一日，膽戰與心驚夜復一夜，終於在工作第三週領到薪水後，暫時告一段落，繳了房租與押金，結束在駕駛座冷得發抖的日子。

初入江湖的幼鳥

前一段經歷開發了「我沒地方住也能活下去」的特殊技能，更練就往後摘櫻桃時期住破爛倉庫的本事，那是一個滿布蜘蛛絲、厚灰塵、無數蟲骸、只有廁所沒有浴室的大型荒廢倉庫，我租下角落的小工具間，買了一張便宜的二手折疊床，就在裡面睡了兩個月。期間天天跑去之前住過的宿舍洗澡，為了不被扭送警局，我都洗得比海軍陸戰隊還要快。手腕上囚犯般不敢拆下來的黃色手環，不僅是進入宿舍區的識別證，同時也是兩個月來生活軌跡的

1	3	4
2		

1 一整天的唯一一餐；**2** 找房客、找房子、找工作的紙條塞滿超市的公告欄；**3** 很像犯人專用手環；**4** 很想逃離主人的帳篷。

見證，剪下的那一瞬間有解放的爽快，也有難言的不捨，手環斑駁的像是自己的滄桑。

打通任督二脈的浪浪

　　結束櫻桃工後，迎來一場更大的歷險。上一段旅行的窘迫源自於身上只剩10塊錢，為了不再陷入飢寒交迫的困境，我打開記帳簿檢視過往開銷，最大宗支出是油費與住宿，既然一個人旅行油費省不了，只能從住宿下手，於是我做了決定：「造訪每個城鎮，住在屋子裡以一晚為限，其餘一律睡車上。」

　　就我的習慣來說，通常會在一個城鎮停留三天，只住一天，接著省下另外兩天的住宿費，不僅降低了經費壓力，還能兼顧梳洗的需求。那些沒有屋子可以睡的日子，大自然便成為我最好的歸宿。還記得一個陽光柔和的午後，景色怡人湖水清透，捧起一掌心的水，澄淨清澈，那天沒有任何住宿計畫，也不確定接下來幾天什麼時候能洗澡，起心動念的我看著遠方的遊客，靈機一動：「有人的話，穿著泳衣就可以洗澡啦！」

　　我的臉皮可能是水泥做的，總之我解了一項成就：「沐浴大自然」。撈水

來車邊的過程中，依稀從眼角感受到「欸，你看，她該不會在洗澡吧？」的餘光，但沒關係，能洗個好澡、晚上睡個好覺，比旁人的眼光重要多了。

在另外一個午後，朋友說要帶我去個營地，到了目的地後，不要說廚房浴室，連流動廁所都沒有，這是個高速公路旁空無一物的小空地，要不是本來就認識他們，還真以為自己被綁架了。當最後一道斜暉躲進了地平線，再不可置信也只能趕快做決定，於是一行想省錢的旅人決定就地紮營，隨便弄點意外好吃的晚餐，伴隨著卡車急駛而過的風壓、刺耳的喇叭鳴響，我在疲累中緩緩入夢。

早上醒來後又是一條好漢，繼續南下的途中、我停留兩個舒適的小鎮後，準備迎接流浪人生的巔峰。

與櫻桃界的快手俠侶一起公路野營。

游走地下道的米奇

目的地是紐西蘭最南端的小島，由於該島僅允許居民的車輛出入，身為外地人的我只能把最心愛的車、同時也是我在紐西蘭的家，停放在本島，肩負小小的休閒包挺進。預計兩天一夜的小島之旅，背包裡我準備了五個鮪魚罐頭、一罐巧克力粥、一包洋芋片、一瓶果汁，和快吃完的軟糖。

下船找到營地後，首先要搭帳篷，一個人搭帳不容易，幸好配件簡單的便宜貨讓我很快就組好，轉頭看看隔壁鄰居，沒有比較沒有傷害，防暴雨級別的專業帳篷展現十足的架勢，再望回我頂部遮羞布般的遮雨棚，毛毛雨就足以釀災。抬頭看了看，太陽超級大、天氣超級好，心想只待一晚的我應該能安全下莊。

第二天一早，我搭著船前往鄰近的無人島探險，海象平穩、風光明媚，玩得盡興甘願折返時，突然烏雲罩頂並降下毫無預警的暴雨。雖然幸運搭上最後一班回島的船，但被海浪劇烈搖晃的船身，讓我跟孕婦一樣瘋狂想吐，在煎熬半小時後，終於回到地面上，第一件事就是狂奔回我的帳篷——那頂完全不防水卻裝滿我行囊的帳篷，所幸睡袋還沒吸滿水，我快速收了帳篷後躲進一旁的屋簷下。這場雨看起來沒完沒了，我查看天氣預報，發現直到下週一前都是雷雨的圖示，而今天是週四……基於航行安全，往返本島的船隻若氣候不佳將停駛，意思是：「我要被困在島上整整四天。」查看背包，裡頭除了殘糧，還有泳衣、海灘褲，很好，全派不上用場。我身上的短袖、短褲、薄外套，淋雨後更顯滑稽，體感溫度降得有如處在低溫6度的寒流下，我的雙腿抖得像遭電擊、全身抖得像起乩，老天爺一定是在開玩笑。

別無選擇的我決定先進屋內取暖。這間屋子是背包客棧，同時經營著一旁的營地，屋內房間很多，公共空間有客廳、廚房，以及衛浴設備供房客使用。我簡單吃了罐頭，窩在客廳的沙發上，仔細環顧四周，發現另一張沙發上也倒了一個人，看來是同溫層。我試著闔眼休息，只是沒多久又會醒來，

天色還沒亮、鬧鐘也沒響，找來的這條不織布薄毯也無法抵抗寒氣，既然睡不著乾脆起身撤退，不然工讀生來，看到有人躺在這，也是為難人家。轉頭，同溫層早已不見人影，真的是同路人。

這是個生活機能有限的小島，島上除了背包客棧、圖書館、雜貨店、零星的禮品店之外，幾乎沒有任何室內空間，沒有雨傘也沒有雨衣的我，在這暴雨不停的小島上拚了命找尋遮雨處，突然懂了吸血鬼躲避日光的心情。直到中午，我才順著絡繹的人群回到那張沙發上，這樣的路徑成了我島上的日常。

在客廳沙發上 → 冷醒 → 到公廁睡覺 → 發抖醒來 → 淋雨步行到圖書館 → 坐在沙發上 → 冷到發抖 → 淋雨步行回背包客棧 → 吃罐頭 → 窩在沙發上睡覺。

公廁就在圖書館外，是我每個清晨的容身之處，在背包客棧的沙發和圖書館的沙發之間，公廁填補了空隙，為我擋了不少風雨，跪謝公廁。為了有舒適的坐臥空間，我在公廁裡發揮清潔阿姨的技能，清得地板一塵不染，雖然地板坐起來冰冰的，也好過馬桶上的不自在，唯一的不方便是天花板的感應燈，一段時間就會自動關燈，在這一坪大的幽暗空間裡，蜷曲身子蹲坐一角，忍著門縫拂來的凜風，數著短針由6到7、再到8、再到9，10點圖書館終於開門，四個小時的等待，一輩子的難忘。

軍人數饅頭、我數著罐頭，終於迎來暴風雨後的晴空──第五天。遮遮掩掩的日子竟也這樣撐了過來，自己都難以置信，帶著從成功嶺退訓般的雀躍心情，登上第一班復駛的船隻，我終於可以離開這個島了。

俗話說的好，金窩銀窩比不上自己的窩！儘管車子塞得像資源回收車，至少什麼都有，什麼都不必擔心，它不僅是我的糧倉、我的廚房、我的臥室，

1	3
2	4
5	6

1 酷寒？褲哩？酷酷嫂……；**2** 圖「窮斂」現；**3** Hi, 同溫層；**4** ㄟ害，同溫層勒？**5** 5淋膏手，似4而非，3分惦嚇；**6**「廁」隱之辛。

1 2 3 **1+2** 吾家「渴」歸；**3** 再慘，該做的事還是得自己做。

更像照顧我的親人、為我遮風避雨的家。這些日子裡，睡著濕到滴水的帳篷、膽戰心驚的沙發、冷到刺骨的地板，小心翼翼吃著僅剩的罐頭，這台車等到歸來的我，彷彿說著：

「辛苦妳了，歡迎回來。」

原來黃金梅莉號[3]的感動真的存在。心中的暖流瞬間成湧泉，淹過這些日子以來的飢寒、惶恐與疲憊。

「讓你久等，我回來了。」

回到本島後立刻拿出車上的食材，煮了一頓好料，溫暖飢餓多日的胃和驚魂未定的心，喝著剛煮好的珍珠奶茶，感受著回到正常世界的幸福。即便吃飽喝足依舊要滾回車上睡，但經歷了無處可歸的數夜風雨，此刻安穩睡在車上已然是一種享受。

回歸如常的旅行生活後，仍是睡在車上、挨餓到半夜再到廚房煮飯；付費洗5分鐘水壓超小的澡，卻在3分鐘頭髮還一堆泡沫時就突然被斷水，雖遇到種種困境，我依然有效率地產出各項複雜文件，寄出延展簽證期限的申請書。一路風塵僕僕，卻也是抵達了紐西蘭最南端的南半球中切線。

如此省吃儉用冒著被抓去警局的風險，一趟旅行下來仍剩不到十塊錢，說明著，一個人旅行除了要燃燒求生意志，還會燃破荷包。開著豪華露營車、

睡在舒適軟床上的人，讓我羨慕得口水直流，只是換個角度回顧，沐浴湖畔、野炊戶外、睡駕駛座這些體驗是那麼獨一無二，雖然正常人看著會說很有事，乞丐都嫌我窮酸，但卻讓我深刻體會到：「人生也是這樣吧！」那些看起來就要過不了的難關，終究能找到出口的，只要不放棄，生命的韌性終會為自己鑿出末路後的新世界。

註³　日本漫畫《ONE PIECE》中的一艘船，擁有自我意識，是故事主角草帽海賊團的重要夥伴，在船體大限已至而不得不火葬時，向主角溫馨喊話：「我很幸福，因為有你們大家在。」

女孩絮語心聲說
GIRL'S HEARTFELT VOICE

一個女孩流浪＝一只寄居蟹游牧

　　有一種生物很有趣，喜歡宅在家卻搬了一輩子的家，牠叫作寄居蟹。多數寄居蟹生來無殼，偶爾搶別人的殼但不會趕盡殺絕，大多是確認「螺去殼空」後才動身入住。另一方面，寄居蟹只會找自己背得動的殼，因為牠們知道豪宅般的大殼太重背不動，大小適中的殼好背又好動。如果恭而有禮且量力而為是寄居蟹的處事態度，那麼顛沛流離卻仍隨遇而安就是寄居蟹的處世哲學。聽起來是否似曾相識？班上同學、隔壁同事、對面鄰居，或過馬路擦身而過的陌生人，我們生活周遭的異鄉遊子來自四面八方，背著各自的故事，搬進一個又一個暫時的住處，家的概念清晰而模糊。

自小從家中成長、茁壯，長大後買房立業、成家，似乎每個人都該經歷這套符合社會期待的劇本，一切是那麼理所當然，做不到豈有此理。直到一個夜晚，燈火通明的家戶點亮了星光斑爛的街道，屋內的喧囂寂靜了街道的冷清，漂浮的塵埃乘著晚風慢慢降落在擋風玻璃上，月光灑不到的角落隱現著孤獨的身影，疾駛而過的車燈掃亮漆黑，那身影是蜷伏在車內熟睡的人，這才心頭一震，不是每個人都有屋舍可棲。

從白天到夜晚，再從富足到窮苦，一條矽谷街道穿過兩種世界，谷歌（Google）周圍有個不在地圖裡的聚落，街道上停了一整排露營車，它們並非旅遊的交通工具，而是求生的流動房屋，各自背著不同的故事聚集在這條街上。在矽谷工作又想買得起房子，通常得退而求其次往舊金山找房，卻也得禁得起通勤的虛耗和開銷的重擔。那種距離，就像每天從台北開車到竹科，而且永遠在塞車的路上，光想就足以讓人心生煩躁，倘若直接睡在公司附近，就能揮別舟車勞頓的夢魘，把四個小時省下來好好睡覺，這也就不難理解為什麼谷歌周圍有這麼多露營車。

若非得睡在屋裡，即使舊金山的房價沒有矽谷誇張，在全美仍是名列前茅，租一間公寓每個月要兩千八百美元，以矽谷助理軟體工程師為例，網路調查年收入約七萬，扣除所得稅級距22%後，每個月剩不到兩千元可供生活與開銷。如果月支出大於兩千元，還要寄錢回家養老小，或是被房東嫌窮而被拒租，在工作不能辭的前提下，睡車上還真有可能成為唯一解答。有穩定的收入不一定有安穩的住宿，人生的無常更可能讓人頓失居所。或許出於自願，也可能迫於無奈，一些人看透這樣的世界、見過無數家庭的斷垣殘壁後，選擇以宿車游牧的方式繼續尋找人生下半場的方向，可能是完成遺願、可能是揮別過去、也或許是感受自由，這些人藉由以車為家的方式斷開世俗的枷鎖，在路上找回初心的平靜。

而不願被世俗磨去稜角的異類之旅，一路上少不了他人的異樣眼光。只是，異類又怎麼樣呢？至少不是敗類。如同擁有博士學歷的老闆炸美味雞排、數學家以精準的戰術奪得自行車奧運金牌，是否順著心意過想要的生活、是否追求世俗價值之外的自我實現，自始至終都是自己的選擇。忙碌的城市生活挾持著我們的心靈，走過大半人生才發現那些追逐的目標遙不可及，過往的汲汲營營仍無法作為「生命價值為何？」的解答。

「這很奇怪，你鼓勵大家花光一輩子的積蓄，背著貸款，就為了買一間消費不起的房子。」（It's strange that you encourage people to invest their whole life savings go into debt just buy a house I can't afford.）──《游牧人生 Nomadland》

不需要逼自己和成千上萬的人過同樣的生活，放手一搏成為重建自我價值的契機。少了一些存款債務、多出一點自由無束；少了朝九晚五的工作、多出隨心所欲的臨時工作；吃得不用很好、睡車裡就夠舒適，拋開物質的慾望就能發現心底的富足，移動的城堡裝滿珍貴的人生寶藏。

如同房有豪宅茅舍，無屋者的移動城堡也因條件不同分很多種。毫無經濟能力與經驗值的族群，只能選擇露宿街頭，待獲取基本經驗值後，可以找到帳篷或組建紙箱屋，公廁偶爾會被作為膠囊旅館，國外更有整夜不打烊的公車成為坐著睡的天堂。經濟能力許可的族群能夠擁有自己的車，座椅不能攤平的房車在最底層；可以改裝後座擺設床的露營車屬中產階層；擁有廚房衛浴、能接水電及污水排放設備的，儼然成為一棟小房子的露營車，在金字塔頂端。

對於無屋的游牧者來說，想過上簡單的日常生活真的不簡單。首先，停車就是個基本問題，身在台灣可能難以想像，國外許多城市都明文規定「街道停車不得過夜」，違反規定馬上會有警察找上門。入夜，人們準備入睡，他們準備出行，尋找能安穩睡上一晚的棲所，人煙稀少的社區角落、無人看管的賣場

停車場，或是有盥洗設備的小型教堂，都能讓他們安心休息，只是太陽升起，就得離開找尋下一個停車位；再來，若沒有高級露營車的衛浴配備，那麼如廁也是個問題，公廁若是離停車地點太遠，每次為了上廁所而駛離，就得做好回來沒有停車位的心理準備；最後，還有猝不及防的修繕需求，例如，車頂破洞、機油直漏、煞車失靈、電瓶沒電，都是考試沒考卻攸關生存的基本技能。

不管是城市生活的禁錮，或游牧人生的挑戰，兩邊都不容易，重點在於能否活得明白。電影《游牧人生》裡女主角一席話：「I'm not homeless, I'm just houseless.」饒富深意，家的定義從一個有形的物件昇華成無形的信念，如同游牧的寄居蟹總是能安身於不同的殼後繼續前進，只要內心堅定而富足，即使居無定所，也能時刻成為自己的避風港，活出心滿意足的人生。

世界上只有一種英雄主義：認清世界的真實樣貌仍不失熱愛。（There is only one heroism in the world: to see the world as it is, and to love it.）—— Romain Rolland

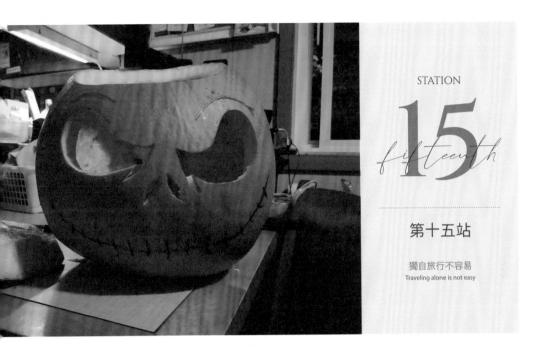

死神的誘惑

Today or Not Today，味亦「駛」人。

💀 崖邊的最後一道防線

　　那天，因得到試工的機會太過亢奮，睡不到三小時就出門，連早餐都來不及吃。時序春末，凌晨四點的夜幕仍一片黑沉沉，霧氣濃密，車身披了層微霜，打開暖氣，暖車也暖自己。駛進山區前精神還抖擻，或許是前無來車後無燈，又或是天色昏暗眼昏花，慢慢地腦袋愈來愈沉，依稀覺得滑過了幾個大彎。眼皮的鐵捲門就要整片拉下了，但一想到自己的手還在方向盤上，只能用意志力將鐵捲門努力撐上去，不料卻看到將破門而入的懸崖。

驚覺自己命懸一瞬，在地府大門前使勁劃了個大彎，才終於返回人間的車道。再不做些什麼，下個彎後怕是迎不到下個太陽，恰巧行經一片空地，於是二話不說，停靠、睡覺。這一睡，一個不小心就到了中午，沒工、命存。

暗夜髮夾彎

　　某個夜晚，一群人相約清晨去爬庫克山，用完餐後，友人便出發前往目的地，我則是懶散地繼續追劇，還洗個澡、吃了個點心。轉眼，凌晨四點將到，但外頭冷霧漫天，樹影搖曳，躺下可能中午才會醒來，不爽約是我的原則，從皇后鎮過去至少要三小時，於是掙扎了一會兒便決定上路。

　　這段順著河畔延伸的公路，時而筆直鄰河，時而蜿蜒繞山，白天美不勝收，此刻只有濃霧瀰漫、伸手不見五指的黑暗。很長一段時間是前後不見車影，左右沒有路燈指引，只能靠自己的車燈在孤獨的黑夜裡馳騁。熟悉的濃烈睡意在清醒的縫隙間猖狂地發酵，震耳欲聾的音量震不垮疲倦感，過度缺乏睡眠的我，悄悄將眼皮闔了好幾回，一團朦朧裡，感受自己正以每小時80公里的速度刷過好幾個髮夾彎，眼角餘光掃過限速30的立牌，那些彎道的狹

隘，好比額頭碰膝蓋的肚臍處。有那麼一秒，我覺得自己像玩命關頭的主角；但在下一秒回神，我驚嚇自己在生死關頭玩命，並怒斥著把性命當兒戲的自己。終於撐到比較平穩的路段，我再次熟練地靠邊，熄火。再不補救睡眠，會換我的人生熄火。

 ## 對面的女孩駛過來

　　駕駛人的夢魘除了塞車，擾人的路面障礙絕對名列前茅，除了明顯易避的坑洞或隆起，還有更多無聲無息的危險。有次在速限100公里的高速公路上，一個瞬間，車身瘋狂震動，輪胎彷彿掀滾著某個東西，在情急而踩下的煞車，沒想到卻為自己招來了前所未有的危機。

　　眼睛還來不及眨，整台車已朝對向衝去，遠方正駛來滿載貨物的巨型卡車，像是走出螢幕的變形金剛。深知車身再不回正恐怕是凶多吉少，我踩下煞車，微左轉，殊不知淘氣的方向盤戲劇性大轉、想把自己和主人滾落邊坡。

　　此時輪胎下滿是碎石，這才意識到，我正在駛過施工路段。理論上進入施工路段前，會有最高速限及道路施工的警示標誌，說不準是自己疏忽了，抑或警示牌未確實設置，總之自己正以高達100公里的時速，在砂礫碎石狂歡的路上連滾帶「滑」。

　　「再往前就要衝下邊坡了，車身求你快轉正！」我焦慮到自言自語，告訴自己慌亂中仍要保持鎮定，既然重踩煞車會讓方向盤不聽使喚，那試試看輕踩就好……結果還是打滑到對向，再抬頭，周圍的時間似乎變慢了，本在遠方的巨型貨卡突然來到眼前，幾乎要超過我的可視範圍。

　　那一瞬間，我看到了人生跑馬燈。

　　「我還這麼年輕，我要活下去！」一股巨大的求生意志將快要飛走的魂魄拉了回來，我奮力一搏，感受到慢慢取回的控制力，一陣折騰後，車身遠離了貨卡，輪胎駛回原本車道，速度也終於慢了下來。

如此近距離看到脫序的演出，對後面的小客車和對向的巨型貨卡而言，想必是永生難忘。

活體障礙賽

如果能選擇，千萬別在澳洲的荒郊野外開夜車。為了去找朋友摘櫻桃，我獨自開十個小時驅車前往，為了節省時間，我午後出發，時間一個沒抓好，從白天開到了黑夜。揮別落日餘暉後，暗藍色的夜幕裡出現了蠢蠢欲動的東西，我有些害怕但也只能故作鎮定，選擇性忽略後繼續馳騁。

我回憶起朋友的大燈故事，但回憶還沒演完，一隻巨型袋鼠迎面衝來，時速100公里的推進，讓袋鼠像瞬間移動般到達我的大燈前，想起故事裡大燈破裂駕駛重傷的悲慘結局，我迅速扭轉手中的方向盤，畫一個完美C曲線，成功避開第一次攻擊，從後照鏡發現，牠竟然想追過來，幸好我跑得更快。

又開了幾里路，被車燈照得興奮的袋鼠紛紛出籠，感受到障礙賽就在前方等著我，握緊方向盤後，我奮力向前衝，排排站的袋鼠似乎已安排好出場順序，默契十足地魚貫進場，誰都不爭先恐後，一隻沒撞成功，另一隻馬上接力撞過來，除了要閃過牠們，還要避開牠們躺在路上的先烈，短短不到一公里的路，我閃了近10隻袋鼠。

再開了好幾里的路，周遭卻平靜地讓人不寒而慄，我駛入一段只有碎石沒有柏油的產業道路，車身抖得厲害，讓我不得不降速，只能在內心焦慮地默念袋鼠退散，而墨菲定律就是這麼幽默，馬上有一隻袋鼠從側邊興奮地切入，甚至要跳上我的車頂，到時不是我殘就是牠活，被嚇瘋的我不管碎石路的艱困，硬是狂扭我可憐的方向盤。正當我以為成功掙脫之際，後車廂「碰！」的一聲，我沒有心思顧慮車體是否凹陷，此刻只想加速逃生。

☠ 地表最強新手

雪地駕駛的危險無所不在，對台灣人來說更是如此。某個與好友出遊的回程，我感受到自己的疲勞無法消除，為了讓大家活著回家，我做了一個大膽的決定：讓新手來駕駛。這個新手沒有加拿大當地駕照，駕車經驗也寥寥無幾，但相較車上其他人，一個曾經差點撞車、一個聽障朋友，這位新手的個性穩重，做事也很小心，且天氣也不差，至少沒下雪，我決定放手一博。

一路上我努力按耐緊張的情緒，仔細指導，新手漸入佳境的表現讓人安心不少，不料天色一暗，氣溫驟降，狂風夾著瑞雪而來，車道隨即鋪上薄雪，甚至要埋沒了邊線，路面因此變得濕滑。視線變差，看路線、看來車都有些吃力，我擔心新手會因為害怕而失控，不停打量適合停車的路段，卻是一路筆直又狹窄，兩側是直直下切的深草曠野。我問新手：「你緊張嗎？你能控制嗎？」新手說有點緊張，但好像還可以。

繼續在迷幻風雪中疾駛的我們，最後竟然順利到家了，這注根本是樂透頭獎。

☠ 「抓耙子」就在你身邊

又是一個獨自開山路的夜晚，不同於前面幾則故事，這次我終於記取了過去的教訓，養足精神才上路。彎道上確認對向沒有來車後，懶惰的我跨到對向，過完彎後再回到自己的車道，減少踩煞車的次數……先說，這動作很危險，好孩子要愛惜生命，千萬不要學。

一路都很順暢──直到油箱見了底。我停在路邊一個小小的加油站，剛拿好錢包，便從後照鏡看到了一輛警車，我往前移，他閃了我，甚至走出車外，原來他找的就是我。

「出示你的駕照，我要開罰單。」這警察不是來聊天的。

「為什麼？」警察早已聽膩的問句。

「剛才有人打電話檢舉妳危險駕駛。」警察老神在在。

「你有看到嗎？還是他有行車記錄器的畫面嗎？」我不服氣。

「沒有，他口頭陳述，說在妳後面跟車跟很久了。」竟是隔壁同學打小報告。

「空口白話能當證據嗎？那你怎麼知道那個人是不是因為不爽而蓄意報復？」我期待得到合理的回應。

「不關我的事，去跟法官說。」得到一張罰單。

　　沒有遵守交通規則的駕駛行為，成為檢舉人挾怨教訓的好機會，畢竟好幾度想超車都沒有成功，大概讓他積了滿肚子「脹氣」。雖然這張紐幣150元的罰單很貴，價值高達2張台北到高雄的高鐵票，緊接著經歷的事，反而讓這張罰單看起來微不足道。

☠ 生命的結

　　到很後來才明白一個道理，能不能從鬼門關僥倖逃離，從來由不得自己。回台灣後，偶然看到一則紐西蘭的背包客車禍新聞。

　　某天，一個女孩與朋友相約自駕遊，途經一座鋪滿碎石的橋，高速行駛中的他們試著減速，然而方向盤卻不聽使喚，一個不留神，車子竟噴向外側，接連翻過橋身，世界突然變得很慢、很慢，直至撞入河床。倘若車底朝下，應能爭取到更多逃脫的機會，無奈事與願違，底部朝上的車身將他們的頭部無情地壓入水下，雖然車身停止滾動，但水淹的恐懼與無法呼吸的窒息，逼得他們必須想辦法逃出去。一陣慌亂後，他們絕望地發現一件事：「安全帶卡住了。」

　　總之先把車門打開吧！豈知，外頭的水壓讓原本簡單的動作變得困難重重，寒冷的河水持續奪走身體的溫度，兩人使盡全力要解開這生命的結。在

「好想活下去」強烈的意念下，女孩的朋友終於打開了結，知道朋友要脫困，女孩便抓著他的手臂，透過指尖與掌心傳達「拜託你幫助我」無聲又無力的求救。

沒有完全關閉的車窗成為朋友爬出車外的逃生口，用力將空氣重新吸入幾近缺氧的肺後，隨即衝向女孩的駕駛座車門，卻怎麼樣都開不了，即便試著由後座伸手向前解安全帶扣，卻不見一絲鬆動，焦急的朋友對著女孩大喊：「等我！」後爬上了河岸，在無人的荒野狂奔著，就盼哪個誰出現來幫忙。

濕透的身體愈來愈重，風吹得體溫愈降愈低，無論如何也不能停下奔跑的步伐，因為女孩還在等著。後來，從遠方的農場搬到救兵，回到事發現場，將門打開，並解開令人焦慮的結，女孩看起來卻是愈來愈虛弱，一行人焦急地搶救，女孩慢慢闔上雙眼。

寒冷的水繼續流動，生命的鐘不再前進。

幾天後一則訊息捎來：「妳知道嗎？那個女孩，就是某某某……」我頓時語塞，湧上悲傷的情緒，那是我們的老朋友，曾經一起煮飯、一起談天、一起搞笑、一起歡樂的好朋友。

我們一起在寒冷的夜晚，等待美麗的星空；也曾一起出遊，拍無數張偽雜誌感的時尚照。女孩曾經告訴我車子壞了，我們透過電話絞盡腦汁想辦法；我們曾經離彼此很近，說好要再見，現在卻再也見不著了。我食不下咽，美食當前也只想乾嘔，不只是我，好多人都想念著妳……。

人生無法預演，更不能重來，每見一次面，都是一次次的減法。謝謝妳讓我更深刻體會這個道理，也謝謝妳用生命為我上了沉痛的一課，教會我分分秒秒都必須步步為營。為了所有愛著自己的人，我向妳保證，從此不再開快車。

一個女孩眨個眼＝一道危險數學題

　　讓人們大量死亡的，除了疾病、戰爭，還有人們常常忽略的交通「意外」了。根據世界衛生組織2018年的研究報告指出，全球每年有高達135萬人的生命終結於道路交通意外事故，平均每分鐘就有超過2個人在車禍中喪命[4]，相當於每天都有像鐵達尼號般巨大的輪船、載著3500名乘客沒入海中。

　　相較於哪個明星離婚了，哪個政要外遇了，這樣可怕的數字從來沒能像八卦新聞般引發社會大眾的關注，似乎車禍沒那麼容易發生所以不足以畏懼，潛藏在身邊的隱形殺手果真當之無愧。

　　表面上車禍看來是預料之外的突發事故，實際上都有觸發的先決條件：**其一是外來性，因外在因素而導致事故；其二是突發性，事故突然發生且不可預測。**

　　一個女孩子要自己旅行，就要有心理準備，在「安全」這件事，無法倚靠任何人，從雙手放上方向盤開始，就走在生命的鋼索上，化被動為主動，並採取防禦性措施，才能化解讓親友遺憾的死亡車禍。在交通部的安全宣導中提到車禍涉及的直接因素，包含駕駛者因素、非駕駛者因素、車輛因素、環境因素等。

駕駛者因素

例如，行車不專注，這可以由駕駛者自主控制。

非駕駛者因素

例如，行人恣意橫越馬路，這事出突然難以事先預測。

車輛因素

例如,車胎爆裂,可事先檢查降低風險。

環境因素

例如,路面濕滑或有物體等,可能由暴雨降雪,或路面施工所引起。

　　在這道危險數學題中,沒有辦法叫三寶不禍亂天下,但能極小化兩個條件與眾因素的交集面積(如下圖)。或許外來性與突發性這兩個條件很難事先避免,但導致車禍的直接因素卻有機會事先預防。換句話說,只要駕駛人隨時把生命安全當成第一優先,累了就放音樂提振精神,真的還是睏得難受就小睡片刻,神清氣爽後再繼續開車,讓意外要素難以交集,悲劇也就難以上演。

　　一個人的旅行只有加倍的謹慎,才能走得更長、更遠。

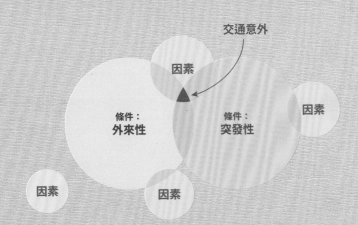

註⁴　World Health Organization (WHO). Global Status Report on Road Safety 2018. December 2018. [cited 2020 October 28]. Available from URL: https://www.who.int/violence_injury_prevention/road_safety_status/2018/en/

無法好好睡覺的，家

嚇醒、恣醒很正常，毒來、毒往是日常。

　　某次從澳洲快閃回台的茶會中，朋友打鬧地問道：「妳現在還有在做違法的事情嗎？」大笑之餘我答：「倒沒有，這次是我身邊的人違法。」

　　那天，我又驚又喜地獲得豬肉廠的工作機會，因事發突然，連住宿都來不及找就跳上飛機了。有位朋友曾在這裡工作，經由多方溝通後，他的前同事願意讓我搬進他承租的屋子，從此成為我的二房東，也是唯一的室友（Housemate）。

　　二房東是土生土長的澳洲人，也是豬肉廠屠宰部門的員工。下機後抵達小鎮時早已夜深幾許，剛踏入有如難民營般的客廳，荒廢多時的塵霉味隨即撲鼻而來。得力於友人的推薦，二房東向我收取的租金極其便宜，緩解了手頭的窘迫，由租屋處走到豬肉廠只要15分鐘，步行到市中心採購也只要40分

鐘，地理位置可謂相當優越，對於沒有交通工具的人來說，無疑是完美的選擇。二房東看上去好相處、好說話、好脾氣也好幽默，只是不久後我開始察覺，這個屋簷下藏著巨大隱憂，便宜的租金是代價，經歷的道岔是風暴。

畏醉前逃

二房東是個大菸槍，有長期乾咳的舊疾，也是個大酒桶，天天以酒為水的等級，一天下來喝完的空罐可以滿出一大個購物袋，他本人很自豪。身邊盡是癮菸嗜酒的朋友是他個人自由，我不需要也沒權力加以干涉——除非影響到我。

還記得那是我搬進來的第二個晚上，我們聊天聊地喝著啤酒，話題的豐富度從澳洲風俗民情到兩性話題應有盡有，因為盡興而忘形的二房東開始語帶性暗示，我不置可否地轉身洗碗，卻在下一秒，有雙手臂從後方伸了過來，我發達的反射神經成功閃避，他卻鍥而不捨地再度挑戰，我依然是華麗地轉身躲開，這樣的無限循環讓我驚覺沒完沒了，正準備轉身請他停止時，卻不見人影，低頭一看，他竟抱住了我的膝蓋，將我整個人舉了起來。

到目前為止，如果這是與另一半的互動，那調情效果絕對十足……但等等，你哪位？我使盡九牛二虎之力才狼狽脫身，嚴肅地說：「你不能這個樣子！」後，霸氣轉身回房，實則屁滾尿流地逃跑，漫漫長夜絲毫沒有闔眼，不是因為追劇欲罷不能，而是沒得鎖的幽默房門欲「鎖」不能。守了整夜，好在，他沒衝進來。隔天酒醒後的他一派正常，讓人有種「昨晚是在平行時空嗎？」的錯覺。

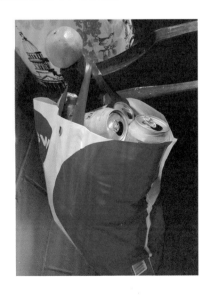

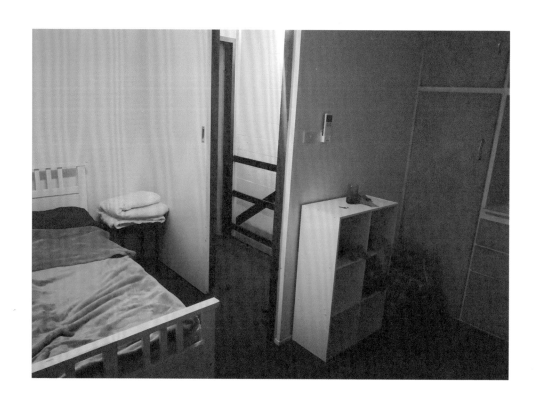

 ## 獨想悲

　　不僅常見的抽菸酗酒，二房東還有一個致命的嗜好——吸食毒品。一開始知道自己與毒蟲同居，震懾到可以吞下帶殼榴槤，但稍微冷靜後，想想那也是他自己的選擇，全世界吸毒人口是個龐大的黑數，身邊出現這種人好像也毋需大驚小怪，只要別受到影響就與我無關。

　　在幾個夜店活動結束後還不夠盡興的夜晚，二房東領著一群還不過癮的人浩浩蕩蕩地衝進客廳，索性來場天翻地覆的毒酒重音趴，音樂大到客廳的天花板幾乎要噴飛了，而客廳的樓上住著社交冷漠且本該熟睡的我，之後在一陣堪稱天崩地裂的火山爆發後，換來永久的相對平靜，雖然還是有二房東半夜揪友來家裡大聲尬聊的零星個案，但只要我反應，愈來愈興奮的嗓門就會趨於平穩，也會立即收到道歉訊息，讓人備感欣慰。

　　也曾發生過他和朋友吸完毒後瘋狂往外衝，留下電視裡激戰的遊戲、光

芒萬丈的炙熱燈泡、空蕩無阻的全開大門，以及房門無法鎖，在酣睡中的我，那時大半夜。要不是被頻尿喚醒，下樓目睹客廳慘況並即時收拾殘局，在這許多毒蟲亂竄的小鎮，我自己都無法預料劇情的發展。

 毒G老人

除了產生不合理的自信膨脹，吸食毒品還會伴隨著恐怖副作用：生命危險。

奇怪事件總是發生在半夜，我同樣正在熟睡，忽悠間，我感覺似乎有人在喚我的名字，我心想，「可能是我的錯覺吧……」原本我不以為意，打算繼續睡，但很快地一聲大叫如雷貫耳，這次我確定有人在叫我，叫聲的後面還接了一句：「妳可不可以出來一下。」我確認了是二房東的聲音，直覺他大概又喝醉了想找我聊天，我不情願地起身，開門，不耐煩地看著他，眼神殺出百萬個不爽，拳頭已磨刀霍霍向豬羊。

結果出現在我眼前的，是耗盡全力爬上來、左手撐著牆面右手抓著心臟、連話都說不出的他。第一秒覺得他可以拿奧斯卡，但第三秒過去，才驚覺他不太對勁，我連忙詢問怎麼了，他上氣不接下氣地擠出幾個字：「如果我倒地了，幫我叫救……」慘白的臉色，凝結的時間。在驚恐中保持冷靜的我，已從床上拿起手機，就在我準備要撥打電話的那一刻，他緩緩地站直了些，臉上的血色也恢復些許，片刻後緩緩說道：「我剛剛整顆心臟猛烈劇跳，就像被緊抓似的，感覺心跳隨時會驟停；頭部則是突然暈眩，眼前景象昏暗，絲毫使不上力，幾乎要不支倒地了。」接著又說：「現在感覺好一些，是想說萬一怎麼樣，至少把妳叫醒可以幫我叫救護車…… 真的很不好意思這樣驚醒妳。」

這狀況來得突然，卻毫不意外。一次又一次的吸食，讓他感受到放鬆的快感，卻也因為依賴性增加，一次又一次的用量劇增，少量的毒品已無法滿足成癮的大腦，於是加劇了用量，解放了快感，伴隨著酒精的發酵，無法負荷的身體器官漸漸崩壞，事件就這麼發生了。

看明白的人一定會説，不要吸不就得救了？沒錯，二房東自己也清楚，卻仍抗拒不了那些虛幻的歡愉感。無法負擔的昂貴買毒費、無以負荷的身體狀況，都無法阻止自己在死神的繩索上，足履跟蹌地晃著。

危機解除後，我回到房間仍心有餘悸，隨即搜尋救護車電話，畢竟在這之前壓根沒想過會用到，深怕哪天二房東真的倒在我眼前，拿起電話卻腦中一片空白，那就真的會變成命案現場……

 ## 怎戻毒行

死神隨時在他背後的案例層出不窮，除了差點暴斃那次，某天他再度把我嚇壞了。下班後我已無一絲體力，呈現完美的爛泥巴樣貌癱坐沙發上，二房東難掩喜悦卻又面有難色，那複雜的心情在他臉上展露無遺，經過了解，得知他準備前往交易毒品的現場，我也慢慢習慣這種不太正常的對話而毫不訝異，只是不同於以往，這次他顯得特別緊張，因為龐大的交易金額將威脅他的人身安全，現金交易時四方的槍械將彼此對峙，只要有任何一丁點的差池，他的生命就會當場謝謝再聯絡。從他擠出的笑容，我感受到面對死亡的恐懼，我也知道自己無法勸阻他，只能無奈又無以回應地看著他。

突然，他展開雙臂打破了沉默，問我：「可以抱我一下嗎？」他知道我會拒絕他，所以連忙説道：「這次真的希望妳可以抱抱我，我不知道還能不能回來……」這是什麼悲情牌！我愣了一秒並讀取他的眼神，這次認真的著實讓我擔心了起來，説真的，二房東其實人不錯，平常也對我很好，如果他真的掛了我也是會有點難過，而且還要再重找房子也很難過。

我走到他面前，深深嘆了口氣，輕輕擁抱他，結果他抱得很用力，透過肢體語言傳達他害怕的訊息與赴死的決心。「你不准死！因為你死了就沒人載我去機場了，而且還要重找房子很麻煩。」認真玩笑參半，「吼，妳不希望我死的理由，就只有這一丁點原因？」他的臉無辜又好笑。

後來我沒有迎來悲憤，而是激憤——人不只活著回來，還帶朋友回來開毒趴，邊吸食邊跟我講色色的垃圾話順便趁亂告白，連烏鴉也譏笑我的蠢。

門庭「弱恃」

二房東是個享樂主義至上的男人，肉體的需求旺盛，性伴侶也是唾手可得從不煩惱，不在家，就是在某個女人家。某個我獨自在家的清晨，深度睡眠中的我，被突如其來的吵雜聲驚醒，瘋狂的敲門聲從樓下傳了上來，秉持著任何陌生人來都絕不開門的原則，我靜靜地躺在床上，祈禱瘋子快點離開，沒想到這敲門聲愈敲愈狂妄，根本是把門板當鼓面敲，沒敲到120連擊誓不罷休。此時我的情緒既憤怒又恐懼，向二房東傳訊息求助，想知道他對門外何人是否有些頭緒，不傳還好，收到他訊息時，我的理智線差點沒斷：「瘋人門外瘋狂敲，他躲門內裝耳包。」門的外側上演太鼓連擊時，他人早已在內側，這種「來呀來呀，來追我呀」的員外情節，可以滾去荒郊野外玩嗎！想躲女人別忘了樓上還有室友，這根本堪稱精神虐待！

又是某個獨自在家的清晨，一樣又是深度睡眠、一樣又是敲門聲。不同於瘋子打太鼓，這次來的像打鐵，不僅動作規律，力道也十足，且持續了整整5分鐘以上，聽得出是男人的手勁，這讓我更不敢去開門了！好不容易撐到這個人離開，睡眠也被打斷了，一股火還沒宣洩，隔天這人又捲土重來，「此刻就是對他引爆滿肚子炸藥的最佳時機！」但想完後，只能在

體內暗自引爆，沒辦法啊，這門真的不能開，萬一門外是跟二房東結仇的壞人，我被無辜牽連「碰碰」兩聲，那可不行……無奈又害怕的我只好又傳訊息，結果得到不知所以然的回覆，讓人毫無頭緒，只能說二房東很明顯在顧左右而言他，知道些什麼卻裝作不知道，門外何許人至今仍是未解的謎團。

過了一週後，某個剛睡醒的假日早晨，樓下又傳來敲門聲，這次聽起來像二房東忘記帶鑰匙，本來不想理他，但實在是被敲門聲吵到快抓狂了，翻個白眼後起身下樓，走到一半，大門旁平時鎖好的窗戶，開了……「什麼，開了？」第一秒愣了，第二秒傻了，第三秒竟然有兩個大男人正準備跳進來，現在這情況是想嚇死誰？我明明手無寸鐵卻不知道哪來的膽，面朝著他們，緩緩地走下樓梯，先是用眼神惡狠狠地掃射他們踩在窗框上的腳，把窗戶甩了回去，接著開門偵訊。

經過一番質問，這兩位未遂犯是來找二房東的，佯稱是他朋友，報上不知是真是假的名字，我也沒認真記；問他們為何不先打電話，卻得到沒有電話號碼的荒謬辯稱；再問為什麼開別人家窗戶，也只說誤以為二房東在家，最後在我的斥責聲中，未遂犯羞赧地離開現場。

至此，我發現一個奇怪的規律：「只要二房東不在家，就會發生詭異事件。」起初我不明白二房東是在裝傻，後來我猜測他或許是在躲人，必定隱瞞一些我不知道的實情。接連發生怪事的一週後，他終於回家了，並向我娓娓吐實：「這兩個人可能是他朋友，想先爬窗戶進來客廳坐，等他睡醒；也有可能是仇家，進來要他命的。」

事後時不時想起這段往事，要是那天獨自在家的我晚個幾秒鐘下樓，還能坐在這裡寫下這段故事嗎？

不正常才正常的日常

還有一次，二房東疑似不想繳電費而引發斷電。事發前我才剛採買兩週份的食材，一夜之間全數臭酸，所幸沒菸沒酒沒毒狀態下的二房東人滿好的，免收我當週租金，否則大概要三餐啃吐司度日。

其他例如說好要幫忙載資源回收去倒，結果一個月後東西還在原地這類的爛事，罄竹難書。二房東雖然人很好，卻始終無法讓人放心；便宜的房租雖省了我很多錢，卻有著沉重的外部成本：「難以計算的心理陰影面積。」

一個女孩無眠＝一擊良玉反夜襲

相信每個人的日常裡，總有那一兩個沒辦法好好睡上一覺的夜晚，原因可能是焦慮、憂鬱等精神因素；頭痛、胃痛等心理因素；咖啡因、類固醇等藥物因素；也可能是原因不明的原發性失眠。不論是什麼樣的原因，只要沒睡好，隔天絕對扳著晚娘臉見人，熬夜整晚沒睡覺的人更是萬萬惹不起，例如，秦良玉。

　　那是正月初一的夜晚，一群軍官在節慶的歡愉氣氛中觥籌交錯、酣然入眠，卻在一個眨眼間，叛軍突襲闖入。眼看叛軍就要展開殺戒之際，一陣戰鼓雷鳴，躲藏於暗處的士兵們從四面殺出，不僅逼得叛軍狼狽逃竄，且在一路趁勝追擊後，更一舉突破險關並攻下叛軍據點。翻轉局面的關鍵人物，是精通兵法的秦良玉，她料定叛軍不會錯過這千載難逢的機會，於是早先一步下令所有士兵能喝不能醉，要裝醉外，還要持矛裹甲，各就定位後只待叛軍自投羅網。強大的戰鬥力，或許與整晚沒睡的怒氣無處發洩，呈高度正相關。

　　在中國數千年歷史當中，唯一被《二十五史》列入〈將相〉列傳的巾幗女將，正是秦良玉。明朝後期，衛所兵制徹底崩壞，明軍戰鬥力一落千丈，無力應對四處竄起的叛亂。秦良玉從小就跟著父親學武，不僅文武雙全，深受儒家忠君愛國思想的薰陶，家國情懷早已深深刻進了靈魂深處，所率領的「白桿兵」更以驍勇善戰、紀律嚴明而遠近聞名。

　　面對屠蜀首領張獻忠同夥的進攻，秦良玉不僅將對方打得灰頭土臉，甚至將他們刺落馬下，並逼迫他們跳河逃生，使張獻忠從此對秦良玉避而遠之。當滿洲八旗軍派出兩大名將進逼京師時，秦良玉更率領白桿兵前來馳援，不僅一路衝鋒陷陣，更以一擊暴雨梨花槍逼退這兩名清軍部將，為日薄西山的明朝重

振了士氣並保全了京師。直至秦良玉壽終正寢後，清軍才得以進入並掌管她所鎮守的石砫地區。

在刀光劍影的戰場上，感到害怕是正常的心理反應，生存的本能往往驅使人們做出拔腿逃跑的行為，然而在秦良玉這名女子身上，恐懼被轉換成馳騁沙場的勇氣。為了守護自己的家園，這位膽智過人的女孩化身為持槍上馬的女戰神，不畏戰場、出兵征伐，從現今科學的角度來看，有可能是她腦內「勇敢細胞 OLM」比其他人要更加活躍，而這被稱為OLM的神經細胞活化時，會降低杏仁核對於威脅所產生的恐懼反應，讓負責理性思考的大腦新皮質能繼續運作，使人勇敢面對威脅。

這麼說來，我膽敢下樓訓斥闖空門的人，並非是不害怕潛在的危險，而是勇敢細胞已將我心裡的恐懼轉換為憤怒又理性的力量。雖然沒有秦良玉那般智勇雙全的天賦，但我們都能訓練自己在危險的情況下保持沉著冷靜，如此就能透過後天的練習與努力，強化自己的勇敢軟實力。想保護家園，身處戰亂的秦良玉得要出生入死，相較之下身處太平盛世的女孩們幸福多了——**只要多一點理性與勇敢。**

豔福不淺？
眼見為憑

二房東就像個大男孩，看起來是混混，實則天然呆，有著高EQ與豐富的幽默感，很受女孩子歡迎。聽說，很多女孩子當了他性伴侶後，都想進一步發展成正式情侶關係，只是都被拒絕或躲開了。

姑且不論他有十幾個還是幾十個性伴侶，或是三不五時就來踹門找他的女人，光是毫無衛生可言的生活習慣就足以把人嚇瘋：垃圾成山繼續堆，碗盤沒洗繼續疊，就算洗了還是油，滿地塵汙繼續踩，整籃髒衣臭酸味，吐司機當打火機。還有那回天乏術的拖延症：要丟的資源回收，三個月後還在；要裝的 wifi，半年後無影。最令人崩潰的是爛醉模式：一旦開啟，就會瘋狂輪播魔音傳腦的 RAP，音量高到我不敢出門見鄰居，爛醉模式約一週開啟兩次。

「我果然是優質好男人，那些女孩們才會這麼愛我。」二房東很自豪。

「畢竟他們沒看過真正的你嘛。」我吐槽。

想告訴青澀的男孩們、女孩們，婚前務必試同居，商品退換大不易，詳閱習慣說明書。

燃燒吧小劇場的，家

瞠目結舌的真相，就在習以為常的文細節裡。

經歷了無法好好睡覺的無數夜晚，認知到一件事：想繼續住在這間房子裡，首先要有一顆很大的心臟。迫於「實在太窮了只好努力存錢」的無奈，我泯滅了自己的恐懼，一如往常過著每一個看起來不太正常的日常，半推半就地持續了一長段時間，直到好鄰居搬家前一晚。

這位住在隔壁的鄰居，可說是我的貴人，總在我窮途末路時來點及時雨，例如，當二房東沒繳電費被無預警斷電時，他二話不說提供人道救援，他的冰箱瞬間塞滿了我的食材；烘衣機罷工時，本來只是來看一下的他，竟順手修好了；常常開起食物銀行，不僅給我一盒又一盒的炸豬皮，還三不五時揪我一起喝他的啤酒。

跟二房東既是鄰居也是酒友的他，在搬離小鎮、前去其他城市工作的前一晚，忍不住對我說：「妳要小心。」疑惑的我沒能來得及開口，他緊接著說：

1	2
	3

1 鄰居修烘衣機；2 鄰居餵豬皮；3 假癌友偷吃。

「雖然不知道你們的關係到什麼程度，但希望我接下來講的事情，不會對你們的關係造成影響。」

　　如果說，那些理智線快斷掉的夜晚，是海面上的狂風驟雨；那麼好鄰居接下來的推理劇場，便是海面下的海底風暴。這位外表有如龜仙人的好鄰居，雖然老是酒後亂約吃我的閉門羹，腦袋清醒時卻有著縝密的邏輯推理能力。

　　「他（二房東）跟我說，因為和朋友鬧翻了，借不到車，所以沒能來接機。」我談起二房東先前放我鴿子的事件。

　　「是喔……可是在妳回來前，我還看到他們有說有笑的。」好鄰居回想後這麼跟我說。

　　原來二房東在訊息裡跟我說沒有車，是假的；答應後反悔了，才是真的。原本只覺得二房東不愛為自己說過的話負責，這麼一聊才想起他還有愛說謊的症狀，同時腦海閃過這段時間以來種種詭異的事件：當初那兩個幾乎要鬧

空門的男子，雖然二房東嘴上說不認識，如今看來未必如此。至於為什麼會突然反悔不來接機，好鄰居點出可能的原因。

「他那幾天都在線上，很少離線。他朋友跟我閒聊時提到，那幾天他幾乎沒去上班。」好鄰居對著一臉茫然的我說。

「對每天都要上班的人來說，隨時隨地都在線上顯然不太尋常。妳知道為什麼嗎？因為他在忙著（毒品）交易啊。」好鄰居推敲著，我驚著。

「他朋友和他形影不離，可能是在幫他做事，類似於奴隸或人質的關係。」好鄰居說得平靜，我聽到毛骨悚然。

「所以接機前夕，他朋友的車可能塞滿了毒品，深怕開往市區會提高被查緝的風險，才臨時放我鴿子？」我連結起過往記憶。

「嗯……還有一件事，妳還記得他朋友之前跟我們說自己罹癌的事嗎？」好鄰居準備向我投擲另一枚震撼彈。

「後來我發現，應該也是假的。他朋友之所以頻繁地擤鼻子，並非因為化療流鼻涕，純粹是毒品過量刺激鼻咽管所致，甚至可能只是長期吸食所養成的習慣性動作罷了。」好鄰居開了第一槍，破了一顆謊言泡泡。

接著更多的泡泡，接連湧爆。回台灣前，在二房東的推薦下，我接受他朋友的提議，讓他們送我去搭飛機，為了避免後續不必要的麻煩，我慎重地確認收費方式，他朋友說加多少油算多少，相當豪爽。下車前，他朋友說，加了多少油錢會再跟我說。下車後，查看地圖，才發現離機場還很遠，車子卻跑了，被丟包的我只能自立自強走去機場。

離澳前，他朋友說加好油了，請我匯款；回澳後，我有了自己的車，才發現早先匯出的油錢，根本足以來回機場4趟還有找。回台兩週的時間，二房東沒回家，卻把鑰匙給了他朋友，睡客廳也就算了，還吃乾抹淨我冷凍、冷藏、常溫的所有存糧，並用光我的橄欖油、洗碗精、洗髮精。還把我半路

騙下車、削我大筆油錢、吃我的用我的，再怎麼荒謬也是含著憤怒吞了下去，這是基於對癌症病友的體諒與寬容——直至發現自己被騙了，天使的同情瞬間轉為閻王的焰火。

「這都不是最糟的。」好鄰居把我的思緒拉回來，繼續說：「我現在擔心的，是妳的住處可能藏著毒品。在妳離開的這段時間，警方曾搭著直升機逮捕鎮上好幾個毒販，周遭的鄰居都有看到也議論紛紛，那時妳二房東的朋友一直躲在妳家沒出來。」一邊捲著菸，一邊不疾不徐地說著，這是在提醒我：「或許有天警察也會突然出現在我家，上演電影裡緝毒攻堅的情節。」

「可是他們吸毒我都沒跟著吸，不怕藥物檢測，這還需要擔心嗎？」我試探性地詢問，等好鄰居開示。

「妳知道他之前想找我當下線的事情，對吧？而妳每週固定付他房租，對吧？」兩個簡潔有力的切入點，言下之意：「即便我順利通過藥檢，也難逃幫二房東運毒、洗錢的嫌疑，密切交易的紀錄將讓我百口莫辯。」

「那麼，警察真的來攻堅的時候，我該怎麼辦……」我絕望地問著。

「打電話給我，找我當妳的證人，我有辦法證明妳跟這些毒品沒有關聯。」緊接著又說：「不過，妳還是要小心一點。」

至此，我在內心吶喊著：「太可怕了吧吧吧吧吧！我到底把自己置身於什麼樣的環境裡？」要嘛有陌生男子闖空門找毒品、要嘛警察隨時會來踹門攻堅，正常人在這種不正常的環境下，大概都是立刻搬家，除了我這種遺失恐懼感的傻子。

「（深吸一口氣後）那……你要來我家看看嗎？以你敏銳的直覺，說不定真能找到什麼。」說實話，我也沒把握這麼做好不好。帶著好鄰居進入屋內後，我們開始搜索我從沒注意過的地方，例如，客廳櫥櫃上方、沙發間縫隙、沙發布內側、沙發底部；房間衣櫃深處、床墊下方，最後我們停在一處——擺在地上，靠著衣櫃的一幅畫。

「這幅畫看起來擱在這裡很久了，為什麼你會覺得可疑？」我不解地問著。

「這可能是個記號，如果被移動了，馬上看得出來。妳說，為什麼要放一個記號在這裡？」他肯定的眼神凜得我背脊發涼。

雖然我們查無所獲，卻讓我想起兩件事情：不常住在家裡的二房東，三不五時會突然搭著性伴侶的車回來，從房間迅速拿走幾件換洗衣物，而我從沒注意過衣服裡包的「東西」。另外，是某次二房東喝醉後傳的簡訊，他向我保證住在這裡很安全，不用擔心有壞人來，因為他有槍……

　　對於我到底該不該搬家，好鄰居也不置可否，只是建議我最好把門鎖換了，因為我離開不在家的時間，二房東的鑰匙一直由假癌友持有。雖然我取回了，卻難保是否已被偷打備份，與其提心吊膽何時被潛入，不如把鎖直接換掉才能一勞永逸。

　　後來，我既沒有搬家，也沒換門鎖，因為找不到那麼便宜的房租，以及台幣一萬多塊的換鎖費好貴。就這樣，我繼續住了下來。

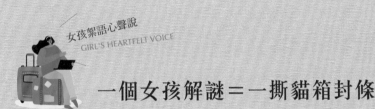

女孩絮語心聲說
GIRL'S HEARTFELT VOICE

一個女孩解謎＝一撕貓箱封條

流動的水沒有形狀，漂流的風找不到蹤跡，任何案件的推理都取決於心！
（流れる水には形がない、そよぐ風は姿も見えない、どんな事件も推理は自由！）
──《名偵探柯南》

　　有些事物外表不引人注目，就像沙灘上散落的漂流木，蹲下細細查看，才發現是遙自高海拔而來的台灣杉。艱難的旅程，為平凡的漂流木刻上獨特的印記，平淡的日子，也因別出心裁的安排拓上獨一無二的樣貌。每天生活，重複著公司、住家兩點一線的索然無味，過於習以為常的大腦進入了待機狀態，但未嘗發現，即使是這些再平常不過的日常，也暗藏著不尋常的蹊蹺，例如違規

罰單是誰檢舉的？天花板的噪音真的來自樓上鄰居？昨天剛開的衛生紙被誰抽光了？誰在擁擠的電梯裡釋放甲烷？這些小事驚心動魄的程度遠不及影集裡的暴風雪密室殺人案，卻牽動著我們的真實生活。**成為自己的偵探，觀察生活中出現的各種謎團並試著推理，不只能將平凡的小日子點綴得波瀾壯闊，或許還能在關鍵時刻幫助他人。**

百密總有一疏，瑜尚難以掩瑕，不起眼事物裡的不尋常現象，是一道道珍貴的線索，不被人注意的事物，或許正是問題的關鍵，要知道多數的重大發現都來自細碎的微小觀察，例如，泡個澡就聯想到浮力的阿基米德。能否擁有和偉人一樣聰明的腦袋取決於投胎時的籤運，但翻轉自己的思考模式這輩子就做得到！透過雙眼觀看事物的表象、啟動大腦觀察內在的邏輯、透過觀察將不同角度的破碎資訊聯繫起來，卡關時就站在對方的角度思考問題，逆著脈絡梳理出可能突破點，再排除所有不可能的因素，就能推理出全面的真相。

我能透過你的臉和腿，看出你的軍人職業；透過你的手機，知道你哥的飲酒習慣；你髮型和站立姿勢說明是軍人；你的對話，說明在巴茨醫院受訓過，顯然是軍醫；你的臉曬黑了，但手腕以上卻沒曬黑，說明你從國外回來，但不是日光浴；你走路時跛得厲害，站立時卻沒要一把椅子，好像你忘了這事，說明受傷的原始環境是外傷，是戰鬥負傷；曬黑，那就是阿富汗或伊拉克。

你的手機很貴，能收發郵件放MP3；你在找人合租，不會是自己買的，那麼它是個禮物。有刮痕，不只一兩條，而是很多，肯定是跟鑰匙硬幣放在同一個口袋；你不會這樣對自己的奢侈品，所以它以前有個主人……肯定是最近才送的，這一款才發布六個月，那就是婚姻出了問題，才六個月就送人……他把手機給了你，那說明他想跟你保持聯繫。你在找便宜住處，卻不去向自己兄弟求助，說明你跟他之間有問題，也許是你喜歡他妻子，也許是你討厭他喝酒。電源插口，周圍有細小的磨損痕跡，每晚他插上充

電，但手總是在抖，你絕不會在清醒的人手機上看到這種痕跡，醉鬼的手機上則絕對不會沒有。——《神探夏洛克》

上述兩段簡短而精彩的推理，僅透過一個人的外觀與一部再正常不過的手機，就能將看似毫無關聯的訊息串連起來，全憑縝密的觀察與推理。平凡人沒有福爾摩斯的高智商，但可以培養後天恆毅力，時時擦亮雙眼，鍛鍊觀察與推理能力，有朝一日也能成為自己日常生活的私家偵探。用全新的視角俯瞰陳舊的事物，生活必定增添更加豐富的可能性。

至於推理之後是否要有所行動，是另一個令人玩味的問題。原則上，推理所產生的結論必定滿足特定的前提，如同一串鏈條的首與尾，見一環便可知全貌，然而在未定之局擅自取走其中一子，將如何影響結果？任何不起眼的小事件，在充滿不確定性的混沌世界裡都可以是關鍵性角色。此刻，由過去每一個決定所組成；未來，將因此刻任一個決定而改變。過去之所以能理性回溯，是因已成的定局無以添加變數；未來之所以不可期，是因每個決定的影響本身就是未知數。在電影《蝴蝶效應》裡，男主角一次又一次回到過去改變某些行為，對自己與旁人同時產生了影響，變數與變數碰撞出全新的排列組合、墜向無可救藥的未來。

牽一髮而動全身。（Change one thing, change everything.）——《蝴蝶效應》

沒人說得準採取行動後，結果會是皆大歡喜還是全盤皆輸，如同一個貓箱在打開之前，裡頭的貓是生是死，既無法證明，也難以否定。寸步難行時最安全的行動，就是稍安勿躁同時伺機而動。在滿地都是地雷的家，即便接近了真相，也實在不好拆開貓箱。

幸好，貓咪最後等到了耶魯大學特搜隊，解除了滿箱的驚魂。

藥，不要？

酒精，一切源頭。
讓人控制不了自己，
甚至忘了曾做過的事。
毒品，沒有盡頭。
讓人瞬間感到快樂，
感受至高無上的推崇。
這些都，短暫而虛假。
隨之而來的，
是無止盡的空虛與深淵。

很藍色瞳玲眼的鄉土劇

我們真的沒什麼?說破嘴也沒人信。

　　某次回台灣，二房東表示樂意來接我，不知道在開心什麼的他，甚至還規劃一系列的計畫，逛街吃好料、住飯店（前提當然是分開睡），說要讓我隔天精神飽滿地去搭機。

　　但果然，二房東無法信賴。

　　搭機日到了，才發現他壞掉的車沒修好，在無法上路的情況下，他請假癌友來載我們，當時我還不知道他癌症是假的，付超貴的油費救濟他，吞下被丟包在麥當勞過夜的憤怒。回澳洲前，我害怕舊事重演，所以一再和二房東確認車子的維修進度，一等就是好幾天，得到的回覆果不其然是沒修，而我的班機將在 12 小時內起飛。雖然有班長途巴士能將我從機場載回小鎮，但大半夜沒有任何客服在上班，無法訂票的我已經做好睡在巴士站椅子上的心理準備，搶買隔天第一張票。

這件事，成為了我和底迪深化友誼的契機，底迪是我豬肉廠的同事，一個2歲就跟著家人到澳洲生活的紐西蘭毛利人，剛滿18歲。萬念俱灰的我隨口問底迪能不能來載我，沒想到對方秒答應！底迪不在意曠班少賺一天的工資，也不在意來回六個小時的車程，願意來機場接我回家；隔週又再開著同一趟來回六小時的車程，陪我去買車，非親非故卻願意做到如此，我感謝得五體投地、痛哭流涕，紐西蘭果然是個好山好水好人

情的好國家。還記得有個夜晚，我很怕喝醉的二房東會放縱假癌友來強暴我，底迪知道我處境危險後，説有需要他一定會及時趕來搭救、載我去他家避難，還憤怒地説：「要是他真的那麼做，我會（消音）了他！」願意兩肋插刀到這地步，無疑是值得深交的朋友。

而愛講垃圾話的豬肉廠男孩們，像小學生般地愛起鬨，説底迪喜歡我，什麼時候才要跟他親親。

某天，我難得買了一件新衣服，想看一下的二房東被我一秒拒絕，幾天後我穿著新衣從外頭回來，一進門二房東開始霹哩啪啦地問：「是不是交男朋友了？」、「剛剛是不是跟男朋友出門？要不然為什麼他想看一下都不行⋯⋯（碎念省略）」，顯然他剛喝完酒還在微醺亢奮，我不是很想隨他起舞，所以打算回房間，結果二房東竟然偷襲我，試圖從後面把我抱起來，正當我要使出一記迴旋肘擊時，門口出現一道人影──底迪。我想起幾個小時前自己曾傳了一則訊息，邀請底迪來家裡品嚐我做的布丁，作為他幫這麼多忙的答謝，以往底迪抵達前會打個電話或傳個訊息，怎麼也沒料到會有今天這樣的突襲。

回過神來面對尷尬的窘境，我面無表情但內心尖叫：「現在什麼情況？」

一個是喝醉後總想偷抱我的人；一個是眾人腦補為我男友的人。

一直以來他們都想看看彼此的廬山真面目。這一刻，是福不是禍，是禍終究躲不過。

但我不能露出一絲驚慌失措，強裝鎮定的我轉頭邀請底迪進來坐坐，再回頭打發瘋狂問我：「他就是妳男朋友嗎？」的二房東，一方面拿出布丁請他們吃，另一方面膽戰心驚地聊著天，我嘗試讓底迪早點回家，不料他們聊得愈發起勁，從客套話到成長背景，還玩起了 PS4，看在我眼裡，悚在我心裡，正覺得哪裡怪怪的時，二房東忽然面向我，以選舉造勢的音量對著我說——「我愛妳。」

全場一片鴉然，底迪望向我，那個表情尷尬到沒有文字能形容。

語畢，理智還在離線的二房東繼續邀底迪喝酒，為了不讓鬧劇延續我想盡辦法送走了底迪，否則兩個喝醉的大屁孩，我必定崩潰。

| 1 | 2 |

1 看個底盤竟然也可以伏地挺身；**2** 我 OS：現在什麼情形 = =。

一個女孩茫然＝一種人際探討

　　人們對外來刺激通常會有反應，特別是新奇的事物、突發的事件，容易因恐懼轉而投向熟悉人事物的懷抱、尋求安全感，心理學研究發現，幼年時期與父母的依附關係、成長經歷與成長環境，決定人們成年後的行為模式，最早由約翰・鮑比（John Bowlby）提出的「依附理論 Attachment Theory」即是探索人際關係的著名理論。如同許多動物會認第一眼看到的東西是媽媽，新生兒出於本能便懂得依賴照顧自己的人，並以照顧者為堡壘向外探索，發展出一套與外界互動的方式，成長過程中與照顧者的互動，形塑出幼兒長大後與他人互動的行為模式。依附理論是依據焦慮與迴避的向度高低，而產生四種依附模式，應用至人際互動中，則分別如下。

安全型依附

低焦慮低迴避，信任他人、不擔心被拋棄，同時也能讓人依賴自己，在互動關係裡有較高的安全感。

焦慮型依附

高焦慮低迴避，需要確保自己被愛、擔心被拋棄，極度依賴他人，在互動關係裡有較低的安全感。

逃避型依附

低焦慮高迴避，對他人不信任、不擔心被拋棄，害怕依賴他人後自己會受到

傷害，寧願用迴避來保護自己，在互動關係裡有較低的安全感。

矛盾型依附

高焦慮高迴避，是焦慮型與逃避型的綜合體，需要他人卻怕被傷害、被拒絕時緊抓對方、被需要時想要逃避，在互動關係裡屬低安全感。

　　在人際互動裡，有人時時刻刻想黏著他人、有人完全不需要依賴他人、有人總是和他人保持距離，這都是因為每個人所屬的依附類型不同。依附類型並非絕對不變，多數人都不是純粹的單一類型而是複合型，且隨著時間與成長經歷的累積、焦慮與迴避特性的改變，低度安全感的焦慮型也可能轉為安全型，安全型可能會在遇到挫折後變成其他三種不安全型，在與不同對象互動時，也可能會展現不同的依附風格，例如，與家人互動是焦慮型，和朋友互動卻是安全型。

　　在這場鄉土劇裡，我察覺二房東可能是矛盾型依附者，這類型的人渴望拉近與他人的距離，卻又害怕距離愈近，弱點暴露愈多，也怕沒人喜歡真實的自己，因而在碰觸之餘又把手收回，用疏離或冷漠等情緒來推開對方，試圖讓自己看起來很獨立、不依賴人；相反的，在與他人存在距離時，會想緊抓著對方，藉此縮短距離。

　　在外地生活總能遇到形形色色的人，一期一會的相遇，也可以帶來始料未及的改變。通常安全型依附者擁有較穩定的人際關係；至於不安全型依附者，只要親友能夠在他們有需求時陪伴在身邊，敏銳察覺到他們的需求並及時給予支持，在這樣的環境下堅持一段時間，或許能幫助他們慢慢轉變為安全型依附者、重新接納自己，並給予他人溫暖的擁抱。

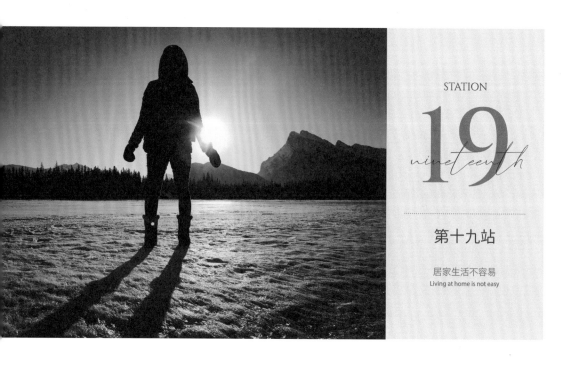

你迷惘過嗎？

腦中預演喪禮的場景，找回活著的動力。

「嘿，妳曾覺得迷惘嗎？」某個夜晚，二房東如是問我。

 ## 帶著矛與盾的人

同住一個屋簷下，我們三不五時就會瞎聊，從生活感情到工作家庭，話題包山包海。

他喜歡交朋友，所以減免了我一週的房租；他童心未眠，打起電動總是欲罷不能；他想當個好爸爸，聊到孩子們時眼底盡是溫柔；他有嚴重話癆，話題一開就沒完沒了；他嗜菸酒毒，常常被拖離現實。

他有過一段婚姻及數不清的情史；也有買車、買房的目標，可最想要的只是一個理想伴侶。於是，我好奇地追問理想的定義，他說感覺對了就是了，我壞心地問沒遇到怎麼辦，他笑說且玩且走。他放蕩不羈卻也直率得可以。

碰觸不到的眼淚

我常常對著他碎嘴，要他少喝一點酒、少吸一點毒，總是不斷地提醒他，在享受完短暫的快感後，要花更多的時間去面對看不到盡頭的空虛。

「這些快感的代價，是你一點一點被侵蝕的健康。或許你會覺得，頂多就是掛點了而已，這條命也不值錢，沒什麼大不了。」看著他的表情，嗯，我說中了。

「只是你想過，你離開後會發生的事嗎？」我繼續進攻，他的神情有些動搖。

「試著想像這個場景：你飄在空中，看著自己的喪禮。所有愛你的人都在這裡，媽媽，兄妹，還有你可愛的孩子們。他們一個個都很傷心、很難過、哭得不能自己，他們好希望你能回來。你想跟他們說說話，想為他們擦去臉上的淚痕，可不管你再怎麼大喊，再怎麼揮手，卻再也沒有任何人聽得到你的聲音了。你不知如何是好煩惱著，卻在一個轉眼，天使或惡魔來接你了，你極力地掙扎，你好想留在大家身邊，卻只能任由祂們把你架走。接著，你離大家愈來愈遠、愈來愈遠，直到再也看不到大家了……」光是描繪這番景象就足以讓我胸口難受。

「妳描述得很有畫面。」他的聲音，在哽咽。

他看起來是真的悲傷，眼角已有淚水在打轉，頭一次看到這樣的他，我有些嚇到。此刻的他沒喝酒也沒吸毒，擁有獨立自主的思考能力，這些表現出來的情緒，非常真實。

「我以前在紐西蘭都開快車，曾經飆到時速 200 公里。」我說完，他完全不可置信。

「後來，我的朋友出了車禍永別人間，就在那一刻，我醒了——我看到自己的縮影。我知道，我是僥倖才能活到現在，萬一哪次不再幸運了，不只愛我的家人朋友會難過，一直等著我回家的爸爸媽媽，又該怎麼辦……」講著講著，我自己也快哭了。

「所以，我們不單單是為自己的生命負責，同時也為了愛我們的人而努力活著。」我說。

「你人很好，值得更精彩的人生，為了那些愛你的人們，你更要好好活著。」我不想干涉他的人生安排，只是單純站在好友的立場勉勵他，希望他能克制自己，少碰菸酒毒。

 ## 心之所向

順著這番氛圍，我播放五月天〈乾杯〉給他看，跟他分享這是第一部讓我感動到淚流滿面的MV；他則是分享了一部吸毒人悲慘一生，最後死掉的MV，並說這部對他有著深遠的意義，我們的話題於是接續到「人生」。

「妳有夢想嗎？」他冷不防地丟一個大題目給我。

「有唷！很久以前就決定好了。」我興奮地描繪了願景，眼睛可能在發亮。

「聽起來很難呢。」他替我擔心。

「對呀，但因為是目標，再難都要想辦法前進，總不能過著一成不變的生活，卻期待有不一樣的結果。想要什麼目標，就得選擇能往那個目標前進的任何事情去做，一步一步地向前邁進，比起原地踏步，都能走得更遠。就像你呀，如果想和家人朋友有快樂的生活，那你就得選擇能讓你接近那個目標的事情去做，而不是每每重複著菸酒毒，任由它們縮短你的生命，害你離目標愈來愈遠。」講完，自己很滿意。

「妳外表雖然（消音）歲，卻有著70歲老人般的睿智。」浮誇了點，卻是他發自內心的讚賞，接著低頭沉思半晌，似乎在思考自己的人生。

「妳迷惘過嗎？」他像個迷途的孩子般問我，看得出迷惘帶給他的煎熬。

「當然有！」一秒都沒有思考，我迅速地回答。

獨自一人睡在車子裡，度過漫長大年夜。

爸爸說在外面過得那麼辛苦，是自找的。

為摘一粒柑橘，險些從高梯頂摔落地面。

忍受差別待遇，別人扛空氣我扛 4.2 噸肉。

在每個煎熬當下，都告訴自己千萬要忍著，因為我不想被人看扁，可是眼淚卻唱反調地流個不停，沒有人可以依靠的周遭變得好暗、好暗，暗到要迷失自我。我也很想學習晨間劇女主角的精神，讓不可思議的正能量擊敗所有的負面情緒，卻發現那都是別人身上的遙遠故事，此刻「要輸了、快撐不下去了」才是內心真實的感受，而且只要認輸逃跑，就不用再忍受任何的痛苦與掙扎了。

「可是，那就不是我想要的人生了。」心底傳來另一個聲音，原來是那個不願意放棄的自己。

是啊，感到茫然氣餒都不要緊，擦擦眼淚，拍拍膝蓋，只要再站起來，我的努力就能帶著我穿越眼前的迷霧，朝著光亮處繼續前行，然後執著地相信著：
「所有付出過的努力必定會在未來的某一刻，綻放出璀璨的花火。」

這個促膝長談的夜晚，短短的，卻很雋永。

一個女孩分享＝一道新闢陌路

　　人生的方向迷了惘，猶如旅途的路上迷了路，是多數人從小到大都有的共同經驗。不同的是，有的人被矇眼綁架到荒郊野外，卻能憑藉驚人的方向感，尋到回家的路；有的人手上沒了Google Map，就算只是走出飯店幾分鐘，也可以迷失方向。有的人方向感強、有的人方向感差，大腦內構築空間記憶的細胞，在其中扮演著關鍵角色，這是2014年獲得諾貝爾生物醫學獎的真實研究。

方向感好的人永遠知道自己該往何處走；

方向感差的人通常是走一步算一步，如我。

　　有一次手機掉到海裡，人在陌生郊外，沒有月光的夜，沒有Google Map和路燈的公路，彷彿都市傳說裡的場景；還有一次，在滑雪場裡自以為是地挑戰了難度最高的黑線，最後卻深陷及腰的深雪中，身旁是45度的下切斜坡，技巧拙劣無法動彈的自己，像踮腳站在逼近死亡邊緣的高山斷崖。在進退維谷之際，我腦海中浮現登山者常說的話：「**對山要抱著敬畏的心。愈是見識過山的層巒疊嶂，愈發感受自身渺小。**」是的，落得這番田地全是自己草率看待上山這件事、莽撞行事的後果。處在周圍都是皚皚白雪覆蓋的峭壁裡，人跡罕至的程度讓我感受到自己渺小與無助。既然問題是自找的，就得靠自己找出脫困的方法，雖知道該怎麼做，卻因為滑雪板和隨身物品重達十公斤，每往前一步就深陷一寸，心中的脆弱感也上升一層。我不是沒想過拋下滑雪板和所有物品，但卻發現沒有滑雪板作為阻力，只會不斷下陷讓情況變得更糟，體力負荷著、心跳加速著、心頭焦慮著，眼前的陌生與不熟悉，不斷地將心中的恐懼放大。

繼續往前可以賭一把活下去的機會，向側面摔落大概非傷即死，卡在中間的我，為了存活只能奮力向前。

用自己的力量，為自己開拓前方的道路。（自分の道を自分の力で切り拓き。）——蕾拉·漢米頓《萬花筒之星》

接納脆弱的自己，包容恐懼與焦慮等負面情緒，我專注於每一個踏出的步伐。即便腳下仍是危機四伏，抬起的每一步都要踟躕再三，也沒有把握下一秒帶給我的是難忘的美景，還是劇痛的傷痕，但強烈的求生的意志總會在後面偷偷推一把，就這麼半推半就地掙扎前進後，不知不覺竟推出了屬於自己的雪道。**原來，我們比自己想的還要更加強韌。**

如同初級的滑雪道或是困難的滑雪道，每個人可依據自身能力做出不同的選擇，在生活的方式上，有人選擇簡單的生活日復一日、有人選擇挑戰的環境義無反顧；面對目標的態度，有人隨波逐流人云亦云、有人堅持目標不畏孤獨。每個人同樣要為了生活不停奔波，差別只在於流連舒適圈或衝破學習圈，不必比較優劣，只要問自己「此刻的步伐，是否與想去的方向一致」就好。

如果選擇了人跡罕至的僻徑，就要做好奇蹟不會憑空降臨的最壞打算，哪怕是打退堂鼓的想法湧上心頭，或是走著走著愈遠愈偏，面對困難都要沉住氣，成為守護自己的堅強後盾，腦海中勾勒出到達目的地、實現目標的畫面，並細心感受沿途風景帶給自己的感動，自然就能湧出更多前進的動力。**心中有所堅持，步伐就能踏實，使盡全力走好腳下的每一步，勇敢地承擔所有的結果，就能開拓出一條專屬自己人生的道路。**

可以重來的話

耗盡黃金歲月沉浮於黑幫裡，初期為了被認同
而交出自由，後期想贖回自由卻已無籌碼。

「認真學習或許無法發大財，但可以讓生命細水
長流，不用為暗地來的子彈提心吊膽。」

二房東嘆了口菸，默望向晚的夕空。

側顏在微弱的餘暉下，沉重而寂寞。

獨白

倒帶，回憶是你存在過的證明。

「這樣子好像有點無情呢……」友人深怕我生氣，吞吞吐吐地說了這句話。

訴不盡的千言萬語，理不清的千頭萬緒，一瞬間湧上心頭，卻過於欲言又止的喉間。其實，不是不想提起你，而是只要一回憶起你，歷歷在目的過往如同夾不斷的熱起司，愈想切斷卻憶得愈加綿長。

後知後覺的不告而別

還記得那是聖誕節隔天。

「妳還跟二房東住在一起嗎？」手機跳出一則訊息通知。

「怎麼了嗎？」我不解地問。

對方語畢，我的世界安靜得震耳欲聾，時間的巨輪往回滾動，我掉入深不見底的回憶深海。

被占廟的廟公

你很窮，人家是月光族、你是日光族，常常因為賣毒賺到小錢而不去上班，下週發薪日又嫌錢太少沒飯吃；你的帽子很髒，當你想把帽子戴在我頭上時，馬上被嫌臭的我使勁推開；除此之外，你積欠了好幾週的房租要償還、信用卡分期了半年要清償、想看孩子得先花一大筆修車費才有車可開。

才發現，我好像很常作弄你、嫌棄你，而你總是笑笑不在意、從沒放在心上。對我，你毫無保留，即便我問了很多一般人都覺得冒犯的問題，你總是耐心回答我，還說只要我有問、你必答。

有次你偷吃我最愛的食物，我氣瘋了揚言搬家，你拚命道歉，在外頭傳道歉訊息，回到家繼續道歉，但我拿走你的床墊、搶走你的衣服，你都毫不在意；你愛吃印度炒泡麵，沒錢了想跟我拿一包，我拒絕並且改拿牛肉麵跟湯包給你，你還是心滿意足地說：「謝謝妳，這樣我就有食物了耶。」不給你用我的網路，所以沒錢的你總是沒網路可用，儘管知道我會碎唸，你還是會硬著頭皮跟我借電話、借網路。

你喝醉了，拿浴巾當抹布擦地板，清醒後忘了這件事，用同一條浴巾擦了好幾天的身體，怎麼那麼傻氣。後來這條浴巾實在太臭了，被我丟到洗衣籃，聽到原因後你也只是笑笑地說：「是喔。」完全沒因為我知情不報的壞心眼而生氣。

沒敲門、未經同意不准進我房間，而你卻樂意讓我隨意進出你房間，並

說陽台可以享受舒服的微風，歡迎我隨時隨便地使用；冰箱冰滿了我的食物，你很卑微地問說可以借用一小層空間嗎？其實這台冰箱是你的，被借用的我反客為主了也不生氣。

　　一開始你不常回家，我愜意地獨占整套房子，後來你回來的頻率變高了，從一開始不自在，久而久之也習慣有你在的那個家。每晚下班，更早到家的你早已在玩電動，看到我進門，你都會轉過頭跟我說：「Hey, how's going today?」寒暄完，你會開始煮飯，常常對著飢腸轆轆的我說：「如果妳想吃，可以自己去夾喔。」明明我對你那麼小氣，可是你煮東西都會留一份給我。除了烤豬、烤雞或是香腸炒洋蔥等，你還常常研發窮人食譜，讓身為窮人的我們也能吃得很開心的料理，雖然袋鼠肉跟豆豆吐司我真的無法。

　　明明是房客的我卻訂了囉哩叭唆的規矩，你不只無條件配合，還窩心地說：「因為妳是個值得被尊敬的好房客啊。」

　　例如，你有很多便當盒，我卻硬是規定你洗完一個才能用下一個，你從來不會回我：「乾你屁事！」例如，我嫌家裡髒，但真的拿起清潔劑刷浴缸馬

桶、抓起吸塵器吸客廳地毯，把門前枯葉掃乾淨的人，卻是你。在我的囉唆攻勢下，原本吃完碗盤都亂丟不洗的你，後來竟也自動自發去洗碗盤了，雖然洗完還是超油。

原本習慣穿著鞋子踩在沙發上的你，只要我一個兇惡的眼神，你就會馬上把腳放下去。原本喜歡找狐群狗黨來家裡開毒趴、聽重音，在我一次次的訊息與電話抱怨後，家裡就再也沒有討人厭的毒趴了。常常大半夜喝茫了被人揪出門，留下燈火通明的客廳和完全敞開的門戶，隔天被我訓斥後，像個做錯事的毛孩，用無辜的眼神誠懇地道歉著。

 ## 心寬氣和愛吃醋的孩子

你傻裡傻氣，像個天真的孩子，常常問我要不要去買麥當勞，你可以請我吃一個漢堡，殊不知你想搭順風車去買酒的意圖很赤裸；看著我倒車入庫的帥氣模樣，你說，我好厲害因為你不會，哈囉！你這開小貨卡的壯漢竟然不會倒車入庫，我瘋狂地笑，笑得上氣不接下氣，正常人早就海扁我一頓，而你卻是一起笑；去看遊戲片，你想玩瑪利歐派對，可惜沒有大特價出清，錢不夠的你只能空手而回；我逛街的時間差不多可以讓人長一根白髮，在停車場等待的你，卻滿臉笑容地迎接我，沒有絲毫不耐煩；我買了新衣服不想跟你分享，穿著新衣服出門回來後，你吃味地戲問是不是去約會了、是不是交男朋友了，直說自己這番關心如爺爺的關愛，而且這爺爺幾天後還趁著酒意，在別人面前胡亂跟我告白，我的腦袋一陣山洪，眼球一串血絲。

 ## 消失的國界與心界

你曾問我人生目標，還稱讚聽起來很有規劃、很有希望，被我反問的你，

隨性許下買大房子和一台新車的願望，我說那也很好，記得要設定階段性計畫，你說你很認同。

你是少數幾個能聽懂我在說什麼的人。即便我英文講得再爛、再隨便，你竟然都聽得懂，甚至我用中文跟親友講完電話，你都可以瞎矇到我在跟誰對話、我們在聊什麼，嚇得我一度以為你真的聽得懂中文。不只愛吃亞洲料理，連煮的菜都很有亞洲風味的你，笑說自己上輩子可能是個亞洲人。

你總是逢人就介紹我是位非常棒的房客，很喜歡我待在這裡，還偷偷謝謝我幫你杜絕很多想來開趴的「拉基」朋友。你說那間房間永遠都為我保留，不會讓任何人進去住，就算搬家了，也會特別留一間房間給我，因為我是很棒的室友。

有天，你說想幫助我拿到永久居民權（簡稱 PR），叫我考慮跟你結婚，這樣我就可以快樂地待在澳洲。見我一臉傻眼，你連忙補了句：「可以拿到 PR 後，再跟我離婚喔。」這種旁人聽了會噗哧一笑的玩笑，你之後還提了好幾次，從微醺的眼神中，我讀出你似乎有些認真。

📷 轉身前

為了摘櫻桃而必須離開兩周，遲遲等到出發前一天才告訴你，甚至為了製造驚喜感，我故意不鬆口說會再回來。

那晚，已經堅持兩週不碰毒品與酒精的你，破功了……起初我以為你是想助興，到很後來我才發現，其實你是不知道怎麼面對接下來的日子。你對著我說：「雖然知道妳是背包客，總會有這麼一天，但還是很捨不得。」

那天晚上，你說隔天要弄烤南瓜給我吃，我說下午就要出發了可能來不及，我感受到你的落寞。隔天，你早早就跑去朋友家打電動，卻在正中午頂著烈日走了回來，只因你不知道我會不會再回來，所以趕回來跟我說再見。

　　「剛剛在走回來的路上，想著以後沒有妳的房子，就開始覺得寂寞了呢……」從大老遠走回來的你，汗流浹背，從疲倦的臉龐，努力擠出有氣無力的微笑、以及這句話。看著你疲憊的神態，聽著你真誠的字句，本要開心啟程的我，也難過了起來，於是出發前，我走到了你的床邊。

　　「如果真那麼期待我回來的話，我可以考慮考慮喔。」我一派輕鬆地說，輕拍你的腦袋瓜。

　　但當我再次回過頭，你卻永遠、永遠地，走遠了。

📷 停止後

　　有個朋友寄聖誕禮物給我，人在遠方的我想請你代收，卻發現電話不通、訊息不回，原本心想，你大概又沒繳電話費了，只好找其他人幫忙。幾天後，

你朋友傳來了訊息，我甚至覺得那只是沒營養的玩笑──直到開啟你臉書。看著大家一則又一則的留言，卻不見你的回覆，這才相信一切都是真的……他們說，你最後這幾天沒有聯絡任何人，只是獨自一人靜靜待在家，任何道別的字句都沒有留下。

於是，我想起了一些事情。

你曾告訴過我，去年你輕生過。因為太難受了，於是你求助朋友，找來了警察，然後得救了；三個月前，你因為吸毒過量差點暴斃，努力喘著僅存的一口氣，蹣跚地爬上樓，把我從睡夢中喚醒，於是得救了。這次，你誰都沒找，選擇安靜地離開……

離開時很孤單吧，你這個大笨蛋！

想著一起生活的點點滴滴，我笑著、我生氣著，然後眼淚瘋狂地掉著。

你生前身後，都讓女孩子為你掉眼淚。

你害我好自責，因為我錯過了第一時間給你擁抱的機會……

你這個大傻瓜，為什麼就不能好好地等我回來……

眼淚滴下，激起了我們過往談笑的漣漪。某次沒營養的玩笑中，你笑說，若死了我會鬆一口氣──大錯特錯，此刻的我是又氣又泣。你可能不知道、可能忘了，被你留下的人們其實非常愛你，他們是錯愕的朋友們、傷痛欲絕的妹妹、失去一生摯愛的媽媽、還有我，你一定很難想像大家這麼難過的樣子，是不是該好好罵你一頓！

我不想忘記你，一片曾在我生命中濺起的巨大水花，可我的海馬迴終究太小，這段記憶可能會被浸得糊糊的，所以，我寫下一字一句，一份放入心坎，一份請微風傳送給你。

你很喜歡問我：「台灣的親朋好友，知不知道妳住在這種地方？他們認不認識我？」

那次，我敷衍你。這次，想讓你知道：「你是我最重要的朋友。」

一個女孩回憶＝一齣戲如人生

老天爺很公平，每個人一輩子只能活一人份的人生，看待事情的角度也就難免主觀與偏頗。透過電影的欣賞與書籍的閱讀，彷彿走過一段段不同的人生故事，感受另一種截然不同的價值觀，進而影響往後的人生。在電影《阿甘正傳》裡，這段話與我的人生觀產生強烈共鳴：

人生就像一盒巧克力，你永遠不知道下一個吃到的是什麼味道。（Life was like a box of chocolates. You never know what you're gonna get.）—— 電影《阿甘正傳》

世界並不美好，卻要執著地過好每一天，誰知道一期一會的驚喜會不會在下一個轉角，所以可以失望，卻不能絕望。因為抱持著這樣強烈的信念，起初我當真想破頭，卻仍然不明白你為什麼選擇將人生關機，直到某天邂逅了電影《海上鋼琴師》，這是一生不曾踏上陸地、天才鋼琴家1900和他傳奇人生的故事。面對無止無盡的陸地，選擇回頭與船共存的1900這麼說道：

不是我看到的東西阻止我，而是我看不見的東西。（It wasn't what I saw that stopped me Max, it was what I didn't see.）—— 電影《海上鋼琴師》

看到這，我的腦海不禁閃過你灑脫的笑顏。對1900而言，看不見盡頭且充滿變數的陸地讓他害怕；對你而言，找不到目標且充滿挫折的生活讓你恐慌。或許是看似一無所有的未來讓你在茫茫人海中找不到存在感，抑或是漂流木般載浮載沉的生活讓你迷航並遺落生活的意義，看不見人生的遠景而被無盡的虛無吞噬的你，和1900一樣拒絕了這個沒有盡頭的世界。沒能勸1900下船只能望著好友離去背影的麥克斯，肯定和我一樣有著無限感傷。人生而為何的存在

意義，百樣人有百種不同的見解，面對生活迷航的窘境，除了坐井觀天並陷入無止盡的恐懼外，還可以參考電影《沒問題先生》返璞歸真的建議：

世界是個巨大的遊樂場，小時候大家樂在其中感到無比有趣，長大後卻忘了。（The world's a playground. You know that when you are a kid, but somewhere along the way everyone forgets it.）—— 電影《沒問題先生》

　　面對被壓得喘不過氣的日復一日，人們不情願地存活著，面對新事物也失去了好奇心，只想轉頭拒絕，然後繼續俯視裹足不前的腳步，怨著了無新意的生活。其實我們都忘了，幼兒時的我們對這世界的探索，從來沒有因為害怕而減少過一絲一毫，在跌倒處用力哭完後，總是傻裡傻氣地起身繼續向前跑，方才的挫折早已被源源不斷的好奇心拋到九霄雲外。讓自己享受一次次來自跌撞的學習，然後繼續前進，就能感受到生活中驚喜不斷所帶來的魅力，而這樣真切的生活，再難以讓虛無感趁虛而入，或許就能重啟生命的無限可能，重拾遺失的美好。

一山還有
一山高

和大多數的大男孩一樣，二房東的精神年齡停留在叛逆的青春期，特點是愛耍小聰明、行事不問後果，常讓室友我哭笑不得。

 # 來路不明的──電視

桌上出現一台 42 吋電視螢幕，二房東說是假癮友便宜賣給他的，還問我要不要幫忙出一半。幾天後的某次閒聊，不經意地還原了電視交易的真正樣貌，應是假癮友請他買毒品卻還不了錢的典當品……幸好我早料到其中有詐，才沒淪落搖錢樹。

來路不明的——紙卷

有幾次廁所衛生紙明明用完了，下班回家後卻有了超大衛生紙卷，公廁用的那種，看到我不解的神色，二房東愉悅地招供：「反正公司衛生紙也用不完，借一卷沒關係啦。」

攻其不備的——毒品

二房東帶著三兩幫派朋友，拜訪長期賣貨給他的女藥頭，但這次沒出錢，只出力。據說被搶的女藥頭無力反抗，摸摸鼻子認了。

嚐現世報的——嘴角

出來混，果然是要還的，某天二房東滿嘴是血，我看他意識清楚也就毫不緊張。我壞心眼地想取笑他，故意意思意思地問候，原來是剛剛他的毒品差點被搶，打了一架，這件事後我更加深信，當初闖空門未遂的兩位男子，絕對是來偷毒品的。難怪都說毒品很危險，不只身體會爛掉，還有可怕的外部效果。

旅行後的甦醒

REBORN AFTER TRAVEL

——遊覽風景名勝，體驗轉場人生，
——心之所向的最終站是？

CHAPTER

3

異鄉孤影

一層層剝開的，是隱忍的寂寞，是待療癒的自己。

與二房東促膝長談的夜晚，一句「妳曾經迷惘過嗎？」蕩起心中波瀾。

熄火後，我獨自在漆黑的駕駛座上，望向無盡的夜空。手機螢幕亮起，是遠自台灣、親朋好友捎來的新年祝賀，我撥出視訊通話。

「新年快樂！妳現在那邊幾點啊？吃飯了沒？妳看，我們正在準備圍爐喔！（螢幕裡是滿桌的媽媽味佳餚）今年妳沒有在家裡過，但是我們有幫妳留一副碗筷唷！」

「小姑姑妳在做什麼？快點回來跟我們一起吃年夜飯呀，我想跟妳一起吃！」

一陣忙到不可開交的喧嘩，以準備拜拜作結，我掛上了電話，流下了眼淚。

獨自旅行，大多時候都是輕鬆自在的，但偶爾也會有這種寂寞難耐的時刻。少了與旅伴打屁哈拉的時光，多了傾聽內在聲音的時刻；少了難過沮喪

可以回去的避風港，多了狂風暴雨必須獨自面對的險境與難關。周遭的各種感官全被放大，內心的孤獨寂寞失重失控。

離開台灣的這段時間，不僅年夜飯、粽子或是月餅這些形式上的節日，實質意義上的陪伴更像手中細沙，想緊握卻是一粒都留不住。出門前，我可愛的四個小姪女還天天黏著我，「臭拎呆」地牙牙學語、手舉高高地蹣跚學步，這些模樣真的是可愛到讓人抱著不捨放開。再次看到他們，卻已經快要上小學了，甚至新的兩隻也快上幼稚園了，再晚一點回台灣，他們可能都已經在背元素表了。他們看著我時，眼神露出的疏遠感，我很沮喪；家人朋友熱鬧的合照獨缺我，我很落寞。

不知不覺中，銀白遍布了爸爸的髮絲與眉梢，皺紋徘徊在媽媽消瘦的笑顏。爸爸的腳趾頭骨折了，淌血被送去醫院，我缺席；媽媽咳血，頭昏耳脹，需要趕緊就醫，我缺席；家人遇到一些難題情緒低落，好想有個親近的人聊一聊，我缺席；小時候常膩在一起玩得難分難捨的堂姐，穿著婚紗接受大家滿滿的祝福，我缺席。

丟失的時光就跟錯過的班機一樣，錯過就是錯過了，無法為任何人停留或重來。張開空無一物的雙手，只看見握不住的遺憾。機身向上拉升，內心不斷下墜，離這片可愛的土地愈來愈遠。一趟一趟的再出發，一次一次的淚腺崩，一滴一滴的想家淚。

　　獨旅的煎熬，會因對家鄉味的思念，變得更加濃烈。想吃什麼都得麻煩地自己煮，因為沒有隨時歡迎我們的便利商店，結果材料買完煮了超難吃；沒有美食氾濫的夜市，只能可樂配洋芋片，因為雞排配珍奶昂貴又稀有。

　　值得慶幸的是，人生當中能這樣靜靜享受孤獨的機會，並不多。孤獨所帶來的迷惘織成一層又一層的厚繭，作繭自縛而後才能破繭而出，當下無人能體會的苦澀味，回首都將是獨自領會的醍醐味。

一個女孩獨處＝一撫雜陳的五味

　　情緒如同一條河流，可以悠悠翻山越嶺，也可以沖沖帶走巨岩，重重劈斷萬噸橋墩，再輕輕吻過河畔青草。流過的土壤與氣候，形塑每條河流獨一無二的特性，就像人，走過的歷程不論好的壞的，都在生命中印下足跡，有的隨著時間逝去而逐漸淡忘、有的過於深刻而成為疤痕。即使感受是私密的，對外可以假裝不存在，心底深處卻知道它始終都在，只是躲進了潛意識深處。如果強迫自己壓抑情緒、忽略需要被重視的事情，那愈是強烈的情緒，愈容易產生扭曲與質變，加上醞釀的時間愈久，帶來的後勁會愈大，如同一顆沉入水中的待爆彈，靜待著爆發的時刻。

　　活在資訊發達的今日，人們可以運用不同的思考工具，從多元的角度檢視自己的情緒、了解自己的身體，也有許多探討情緒的題材發人深省，以幽默的方式將各種情緒擬人化的動畫電影《腦筋急轉彎》正是相當經典的作品。

哭泣能讓我放慢腳步，細細感受人生難題的重量。（Crying helps me slow down and obsess over the weight of life's problems.）——憂憂《腦筋急轉彎》

　　如同電影裡的憂憂，起初看似不討喜的豬隊友，最後卻是幫助萊莉解放情感、得到安慰並重新站起來的關鍵角色。每個人的內心都住著一個憂憂，他不是我們要抵抗的敵人，而是該用心關懷的朋友。沒有任何情緒是不被需要的垃圾，因為身體從來不會傷害我們，無論產生什麼樣的情緒，都是出自善意的提醒。快樂很好，悲傷也有特別的意義與價值，每一種情緒各司其職，在我們看不到的潛意識裡努力著，平衡的喜怒哀樂保護著我們，活過每一個有溫度的小

日子。所以在面對自己複雜的情緒時，與其急著否定或壓抑它們，不如試著問問產生這些情緒的自己：怎麼了？為什麼覺得不舒服？對自己提問，就是拿著探照燈探訪自己迷茫的內心。

精確地陳述問題，比解決問題還來得重要。（The mere formulation of a problem is far more essential than its solution.）——— Albert Einstein

情緒的出現可能已醞釀許久，也可能突如其來，但不論如何都不會憑空消失，而是靜待我們去察覺。每種情緒都有屬於自己的位置，幫不同的情緒做整理歸納，再貼上標籤，就可以管理自己的情緒。美國心理學家約翰・高特曼曾說：「幫助孩子為不同的情緒貼上標籤，有助於將無以名狀的感覺轉換為具體可控的行動。」情緒被貼上標籤後，會有「啊！原來剛剛讓我心煩意亂的就是它。」這樣恍然大悟的感覺。

右腦掌控情緒，然而將模糊的情緒轉換為具體的文字是左腦的工作，一旦控制語言和邏輯思維的左腦啟動，就能從高昂的情緒中冷靜下來，告訴自己：「你乖！我知道你不舒服，所以接下來想怎麼處理呢？」像個旁觀者幫自己梳理情緒，從客觀角度觀察自己的想法，俯瞰事情的全貌後才能找到自處之道。

將感受化為明確的語句，能有效緩解負面情緒所帶來的壓力。加州大學洛杉磯分校做過一項心理學實驗，要求88名有蜘蛛恐懼症的人接近一隻大的活狼蛛，第一組受試者被要求表達自己真正的感受，例如，「我覺得很焦慮、牠很噁心。」；第二組受試者被限用正向積極的語句，例如，「我不害怕、牠無法傷害我。」；第三組受試者被要求說些不相關的事情來轉移注意力；第四組受試者被要求接觸蜘蛛卻什麼都不能說。一周後，相較於其他三組受試者，第一組受試者不再那麼害怕大蜘蛛了。也就是說，面對負面情緒時，假裝樂觀或視而不見只會讓壓力增高、無濟於事，正視且勇敢說出感受才能讓情緒得到安放。

電影《腦筋急轉彎》裡，小女孩萊莉懷念過去且不喜歡現在的生活，種種的壓力讓她失去笑容，直到向父母哭訴自己的無助後，才在擁抱中釋放累積已久的負面情緒。

　　五味雜陳的情緒，其實就是充滿暗號的密室，將情緒具體化並貼上標籤的過程如同偵探辦案，在抽絲剝繭後，找到鑰匙的那一刻，就能將真正的自己從密室中拯救出來。

Letters **11**

最美的風景

上一秒華麗迴轉，下一秒滑落邊坡。
油門踩得愈深，整個世界愈傾斜。

兩位好友使勁推仍力猶未逮，才讓我認清事情大條了。
車水馬龍的省道上，幾台車陸續停下，素未謀面的臉扎
紛紛走向我。「一定是太好笑，他們特地來圍觀的，嗚
嗚。」一邊低著頭想，一邊找拿來擋臉的遮羞布，再抬起
頭，人們正眉頭深鎖，為了協助我脫困而集思廣益著，幾
分鐘過去仍束手無策、車子仍穩若泰山地卡在原地，不只
沒人離開，反而更多人停下車前來查看。

頓時，心中滿是感動與羞愧，感動人們這般善良、羞愧自己的誤會。

在人際冷漠的都市叢林裡，人們多半不管他人瓦上霜，看到麻煩只會加速駛離，在這裡，明明幫助我得不到任何好子處、明明不需要浪費時間，這群人卻選擇留在這裡，陪我一起想辦法。

有人指揮交通；有人搬救兵；甚至有人願意幫忙拖車可惜沒有拖車鍊；更有許多人，不顧被重磅車身壓塌的危險，像在救自己的車般，在最危險的內側，用背頂著車使盡全力向上推，無奈車子卡太深仍不為所動。

感動的烈火在心中燃燒著，過去的我，不見得願意為陌生人停留，更不用說這般兩肋插刀，現在的我，被這群陌生的朋友喚醒，找回沉睡已久的同理心。

謝謝曾幫助過我的人們，每一個不計利益的古道熱腸，就是旅途中最美的風景。

伴手禮是蛻變的自己

我與翅膀有個約。

　　如果說出發時把自己清空歸零，那麼這趟旅程我所帶回的，便是愛與勇氣，聽起來是那麼中二又過時，卻是旅程歸來時最刻骨銘心的感受。

　　每個時期的階段性目標不同，每抵達新的國家就重新分配工作、生活與旅行的比重。頻繁的短期旅行，能遇見來自世界各地的背包客，和五花八門的人邂逅，就像逛大觀園，讓人眼花撩亂又嘆為觀止；駐地的長期生活，能與不同的生命經驗促膝長談，文化差異碰撞的火花成為獨門調味料，為人生增添與眾不同的味道。

入境
Arrival

「妳一個人旅行，很厲害呢！」——法國大男孩。

「自己出來打拚，妳一定經歷了很多我們無法想像的辛苦。」——紐西蘭毛利男孩。

「從雙腿，到腳踏車，再到汽車，妳的生活一直在升級呢。」——澳洲老男孩。

定居紐西蘭的馬來西亞媽媽、生於紐西蘭在澳洲工作的大叔、纜車上偶遇的加拿大當地人，旅途上時常遇到誇我勇敢的人，說一個女孩子可以這樣出走、工作、搬家、買車，很不簡單。勇不勇敢我不是很確定，但我肯定是「青暝不怕槍」的人，搶簽證之前沒思考過打工度假的意義，買機票之後沒考慮過工作找到沒，工作當下甚至沒意識到自己吸進多少農藥，不論是後知後覺或渾然不覺，一路走來總是驚喜不斷、驚嚇連連又驚嘆不已，無法預知前

方等著我的挑戰是什麼，只知道有突發狀況就得想辦法解決、沒人幫忙就要臨機應變，怎麼樣都要往前邁進，因為不積極處理問題，就等著被問題消極處理，我逼自己主動面對難題，持續和自己信心喊話。雖然未來充滿變數難以預測，眼下的每一刻卻能真實地掌握在自己手中，我一直相信，步步為營地走好每一步，再多的難題都能迎刃而解。

看著樂觀開朗的二房東，似乎天大地大，也沒什麼事能撼動總是大剌剌的他，即使生活一團亂，糊里糊塗地活著，只要沒造成別人的困擾，這樣的人生也無可厚非——直到他投下一顆震撼彈。

我腦袋一片空白，這並不像他的行事風格，為了梳理整個脈絡，我重新檢視了過往，才慢慢讀出其實他笑容的背後，染著憂傷的色彩；樂觀的外表，藏著悲觀的內心；習慣孤獨，卻渴望被愛。我也審視了自己，**曾經以為解決困難是每個人理所當然該做到的事，才發現，我認為簡單的事，或許正是他人難以跨越的坎，自己的以為不過是自以為**。走入回憶的隧道，我翻找更多遺落的線索，闔眼掃過記憶的碎片，才發現我沒看他掉過一滴眼淚，即使半年見不到孩子、買菸酒毒而付不起房租、憶及美好的過往、深陷幫派而身不由己，以及說不出口的不要走。我曾經以為他大而化之，這些事不會往心裡去，才發現這些表象都是糖衣，裡頭裹著無助和孤獨。

類似於害怕與沮喪的情緒，在我的旅途中也偶爾來訪。夜深人靜的獨處，我像細數年輪般，將自己一層一層剝開，安撫白天用笑顏藏起來的辛酸與煎熬，雖然家人朋友樂於傾聽，但內心深處明白有些難言只有自己懂得，也知道如果視而不見，就會在下一個轉角遭遇更劇烈的痛擊。情緒從來不會消失，只會改頭換面，想解鈴就得問自己怎麼繫上的，只有誠實凝視問題的本質，才能撥散環繞周遭的迷霧、療癒自己取回前進的力量。一次次揭開傷口的練習，是變得更加勇敢的過程，而一滴滴落下的，是傷痛終於找到出口的眼淚。臨床心理學家 Roger Baker 說：「這些轉化抽象痛苦為有形眼淚的過程，可以幫助人們走出悲傷的情緒。」

　　勇敢，沒人天生就有，而是一路跌跌撞撞後，養成的一種習慣；勇敢，不是阻止自己流淚，而是在好好大哭一場後，拾起重新振作的力量。如果自己不勇敢，沒人能替我們勇敢，生活再辛苦，也沒有永遠的狂風暴雨，學著勇敢的過程，是雨中為自己撐傘、是放晴給自己擁抱。透過內在的深層對話，不只能夠與自己和解，也能因為了解而疼愛自己，這樣孤獨就釀成了美酒，初嚐苦澀卻回味甘甜。

　　打工度假也好，人生也好，未來仍有無所不在的難題，挑戰也沒有止息的一天，只要記得，這些偽裝的祝福不是想擊垮誰，而是讓人們有機會重整自己、再次出發。狀況再糟，也總有自己做得到的事，勇敢跨越一道又一道柵欄，交出一份又一份學習單，再誇獎這份作品集的好不容易，最後痛苦終能成為勇者的勳章。

　　事情不會變得更簡單，生活也沒變得更容易，只要有名為勇氣的隱形翅膀，就能飛越今日的天際線，翱向明日期許的自己。

無可取代的旅伴

總在我飢腸轆轆時，準備好吃、好喝的。
總在我全身骯髒時，準備好換洗衣物。
總在我疲倦瞌睡時，準備好溫暖被窩。
總在我任性出走時，準備好所有行囊。

蜿蜒的碎石路、崎嶇的山崖路、
無聊的筆直路、危險的雪地路。
眺望穹頂星河，挑戰瘋狂極限，
靜享奼紫嫣紅與湖光水色，
經歷受困待援與險死還生。
一起走過的路，一起寫下的故事，
是一輩子無可取代的回憶、
記憶長河中閃爍的光點。
目送你的離去，難過不能自己，
天下無不散的宴席，
而你是我最放不下的牽掛。

212

從不言語，卻無疑是我最重要的夥伴，
你的閱歷因我而豐富，我的旅程因你而完整。

千言萬語訴不盡的，是對那段時光的想念，

以及對你的感謝。

大好き♡

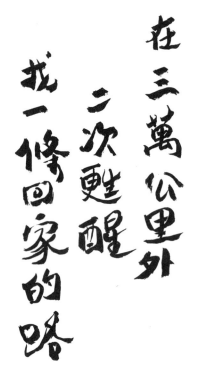

書　　名　在三萬公里外二次甦醒
　　　　　找一條回家的路
作　　者　君 Dream

主　　編　譽緻國際美學企業社‧莊旻嬪
美　　編　譽緻國際美學企業社‧羅光宇
封面設計　洪瑞伯

發 行 人　程安琪
總 策 劃　程顯灝
總 編 輯　盧美娜
美術編輯　博威廣告
製作設計　國義傳播
發 行 部　侯莉莉
財 務 部　許麗娟
印　　務　許丁財
法律顧問　樸泰國際法律事務所許家華律師

藝文空間　三友藝文複合空間
地　　址　106 台北市安和路 2 段 213 號 9 樓
電　　話　（02）2377-1163

出 版 者　四塊玉文創有限公司
總 代 理　三友圖書有限公司
地　　址　106 台北市安和路 2 段 213 號 9 樓
電　　話　（02）2377-4155、（02）2377-1163
傳　　真　（02）2377-4355、（02）2377-1213
E - m a i l　service@sanyau.com.tw
郵政劃撥　05844889 三友圖書有限公司

總 經 銷　大和圖書股份有限公司
地　　址　新北市新莊區五工五路 2 號
電　　話　（02）8990-2588
傳　　真　（02）2299-7900

初　　版　2023 年 02 月
定　　價　新臺幣 420 元
I S B N　978-626-7096-27-7（平裝）

國家圖書館出版品預行編目（CIP）資料

在三萬公里外二次甦醒找一條回家的路 / 君Dream
作. -- 初版. -- 臺北市：四塊玉文創有限公司,
2023.02
　　面；　公分
　　ISBN 978-626-7096-27-7(平裝)

1.CST: 自我實現 2.CST: 生活態度

177.2　　　　　　　　　　　　　　111021442

三友官網　　三友 Line@

五味八珍的餐桌
品牌故事

60 年前，傅培梅老師在電視上，示範著一道道的美食，引領著全台的家庭主婦們，第二天就能在自己家的餐桌上，端出能滿足全家人味蕾的一餐，可以說是那個時代，很多人對「家」的記憶，對自己「母親味道」的記憶。

程安琪老師，傳承了母親對烹飪教學的熱忱，年近 70 的她，仍然為滿足學生們對照顧家人胃口與讓小孩吃得好的心願，幾乎每天都忙於教學，跟大家分享她的烹飪心得與技巧。

安琪老師認為：烹飪技巧與味道，在烹飪上同樣重要，加上現代人生活忙碌，能花在廚房裡的時間不是很穩定與充分，為了能幫助每個人，都能在短時間端出同時具備美味與健康的食物，從 2020 年起，安琪老師開始投入研發冷凍食品。

也由於現在冷凍科技的發達，能將食物的營養、口感完全保存起來，而且在不用添加任何化學元素情況下，即可將食物保存長達一年，都不會有任何質變，「急速冷凍」可以說是最理想的食物保存方式。

在歷經兩年的時間裡，我們陸續推出了可以用來做菜，也可以簡單拌麵的「鮮拌醬料包」、同時也推出幾種「成菜」，解凍後簡單加熱就可以上桌食用。

我們也嘗試挑選一些熟悉的老店，跟老闆溝通理念，並跟他們一起將一些有特色的菜，製成冷凍食品，方便大家在家裡即可吃到「名店名菜」。

傳遞美味、選材惟好、注重健康，是我們進入食品產業的初心，也是我們的信念。

冷凍醬料做美食

程安琪老師研發的冷凍調理包，讓您在家也能輕鬆做出營養美味的料理。

冷凍醬料的 5 大優點

省調味 × 超方便 × 輕鬆煮 × 多樣化 × 營養好

選用國產天麴豬，符合潔淨標章認證要求，我們在材料和製程方面皆嚴格把關，保證提供令大眾安心的食品。

三友官網

五味八珍的
餐桌官網

五味八珍的
餐桌 FB

程安琪
鮮拌味 FB

程安琪入廚
40 年 FB

五味八珍的
餐桌 LINE @

聯繫客服 電話：02-23771163 傳真：02-23771213

程安琪

冷凍醬料調理包　　　冷凍家常菜

香菇蕃茄紹子

歷經數小時小火慢熬蕃茄，搭配香菇、洋蔥、豬絞肉，最後拌炒獨家私房蘿蔔乾，堆疊出層層的香氣，讓每一口都衝擊著味蕾。

雪菜肉末

台菜不能少的雪裡紅拌炒豬絞肉，全雞熬煮的雞湯是精華更是秘訣所在，經典又道地的清爽口感，叫人嘗過後欲罷不能。

一品金華雞湯

使用金華火腿（台灣）、豬骨、雞骨熬煮八小時打底的豐富膠質湯頭，再用豬腳、土雞燜燉 2 小時，並加入干貝提升料理的鮮甜與層次。

麻辣紹子

麻與辣的結合，香辣過癮又銷魂，採用頂級大紅袍花椒，搭配多種獨家秘製辣椒配方，雙重美味、一次滿足。

北方炸醬

堅持傳承好味道，鹹甜濃郁的醬香，口口紮實、色澤鮮亮、香氣十足，多種料理皆可加入拌炒，迴盪在舌尖上的味蕾，留香久久。

靠福·烤麩

一道素食者可食的家常菜，木耳號稱血管清道夫，花菇為菌中之王，綠竹筍含有豐富的纖維質。此菜為一道冷菜，亦可微溫食用。

3 種快速解凍法

想吃熱騰騰的餐點，就是這麼簡單

1. 回鍋解凍法

將醬料倒入鍋中，用小火加熱至香氣溢出即可。

2. 熱水加熱法

將冷凍調理包放入熱水中，約 2～3 分鐘即可解凍。

3. 常溫解凍法

將冷凍調理包放入常溫水中，約 5～6 分鐘即可解凍。

私房菜

純手工製作，交期較久，如有需要請聯繫客服
02-23771163

程家大肉

紅燒獅子頭

頂級干貝 XO 醬